시험에 강해지는

Academy Reading Mate

시험에 강해지는
Academy Reading Mate

저 자 토마스 방
발행인 고본화
발 행 반석출판사
2020년 8월 10일 초판 1쇄 인쇄
2020년 8월 15일 초판 1쇄 발행
홈페이지 www.bansok.co.kr
이메일 bansok@bansok.co.kr
블로그 blog.naver.com/bansokbooks

07547 서울시 강서구 양천로 583. B동 1007호
(서울시 강서구 염창동 240-21번지 우림블루나인 비즈니스센터 B동 1007호)
대표전화 02) 2093-3399 **팩 스** 02) 2093-3393
출 판 부 02) 2093-3395 **영업부** 02) 2093-3396
등록번호 제315-2008-000033호

Copyright ⓒ 토마스 방

ISBN 978-89-7172-925-0 (13740)

시험에 강해지는

Academy
Reading
Mate

반석출판사
Bansok

머리말

알파벳을 익히고 영어단어들을 접하면서 우리는 누구나 영어에 흥미를 갖게 됩니다. 그런데 거기에서 한 걸음 더 나아가 영어 문법이 영어를 배우고 사용하는 데에 관여하게 되면서 영어 공부에 어려움을 맞게 됩니다. 이 어려움을 쉽게 극복하고 영어를 흥미롭게 공부하기 위해서는 계획적으로 공부하는 것이 필요합니다.

서점을 조금만 둘러봐도 영어 문법을 다루는 책들은 다양하게 많이 나와 있습니다. 그 중에서 영어 문법을 읽기나 듣기, 말하기에 자연스럽게 연결시켜줄 수 있는 책들은 그리 많지 않은 것 같습니다. 본서는 영어로 읽기, 듣기, 말하기에 필요한 문법 사항을 체계적으로 정리하였습니다. 그리고 문법 사항을 바로 읽기, 듣기, 말하기에 활용해 볼 수 있도록 구성하였습니다.

이 책, 『시험에 강해지는 Academy Reading Mate』를 통해 영어 공부에 필요한 기본 문법들을 내 것으로 만들고 자유롭게 영어로 된 글들을 향유할 수 있으리라 확신합니다.

『시험에 강해지는 Academy Reading Mate』의 특징
1. 기초 수준의 영어 문법을 다루었습니다.
2. 기초 수준의 영어 단문을 다양하게 다루었습니다.
3. 기초 수준의 영어 문장으로 장문 독해의 기법을 익히도록 하였습니다.
4. 기초 수준의 영어 문장으로 직독직해의 기법을 익히도록 하였습니다.
5. 영어 공부의 궁극적 목적은 영문 독해이므로 영어 문법은 물론 독해력 배양에 초점을 맞추어 저술하였습니다.

끝으로 이 책을 통해 여러분이 확고한 영어 실력을 갖게 되기를 바랍니다.

저자 토마스 방

이 책의 특징 및 활용 방법

영어 문법의 공부를 시작하게 된 여러분을 환영합니다. 문법은 단어보다 공부하기에 지루하고 재미가 없다고 생각하기 쉽지만 그렇지 않습니다. 내가 그 동안 알게 된 단어들을 모아 하나의 문장을 만들었을 때, 그리고 하나의 문장을 온전히 이해했을 때의 희열은 그 어느 때보다도 클 것입니다.

이 책에서는 문법 설명을 먼저 읽고 바로 패턴과 영작 연습으로 문법 사항을 다집니다. 그리고 연습문제를 통해 학습한 바를 점검한 후에, 단문 독해와 장문 독해로 문법을 실제 독해에서 확인하도록 합니다. 마지막에는 영어 회화연습을 수록하여 하나의 문법으로 다양한 글들을 읽고 이해해 보도록 하였습니다. 글들을 큰 소리로 읽고 해석해 보세요. 그러다 보면 영어가 훨씬 더 재미있어질 것입니다.

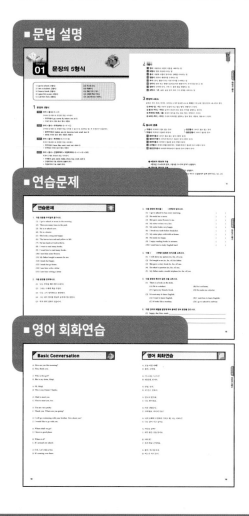

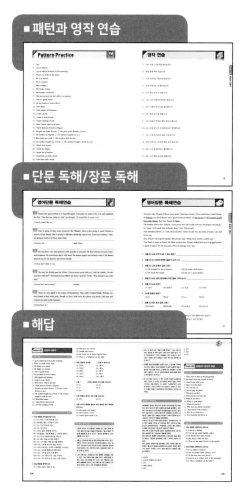

목차

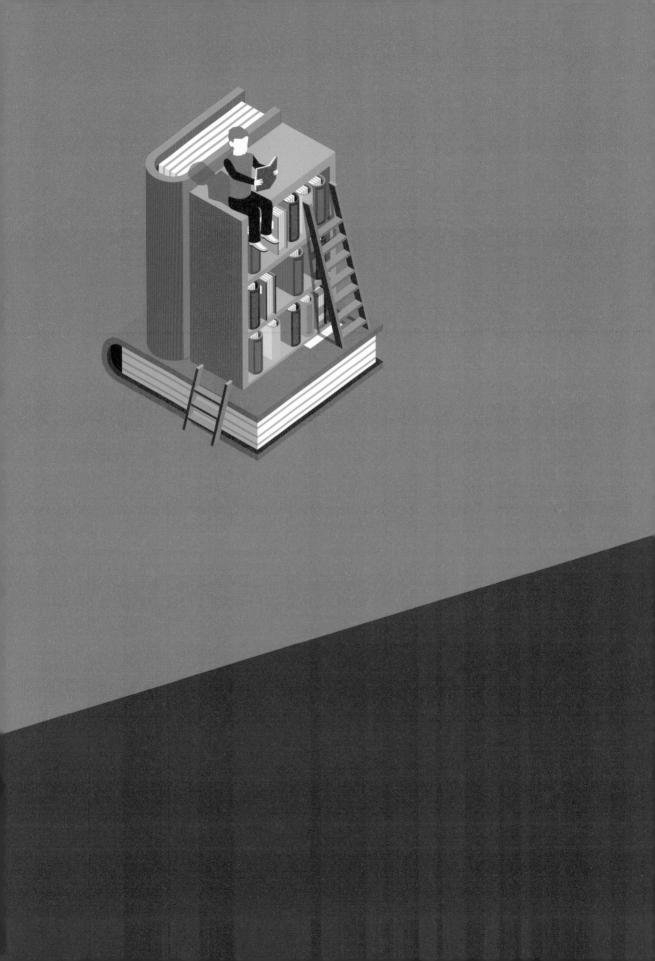

Chapter 01 문장의 5형식

1. I go to school. (1형식)	나는 학교에 간다.
2. I am a student. (2형식)	나는 학생이다.
3. I have a book. (3형식)	나는 책을 가지고 있다.
4. I gave him a pen. (4형식)	나는 그에게 펜을 주었다.
5. I call him Tom. (5형식)	나는 그를 톰이라고 부른다.

1 문장의 5형식

1형식 주어 + 동사(= S + V)

주어와 동사만으로 완전한 뜻을 나타낸다.

➡ 완전자동사: go, come, fly, be(am, are, is) 등
➡ 주어가 될 수 있는 품사: 명사, 대명사

2형식 주어 + 동사 + 주격보어(= S + V + C)

주어와 동사만으로 완전한 뜻을 나타낼 수 없으므로 보충하는 말, 즉 주격보어가 필요하다.

➡ 불완전자동사: be(am, are, is), become, look, smell, turn 등
➡ 보어로 쓰이는 품사: 명사, 대명사, 형용사

3형식 주어 + 동사 + 목적어(= S + V + O)

목적어 하나만으로 완전한 뜻을 나타낸다.

➡ 완전타동사: have, like, want, read, eat, drink 등
➡ 목적어로 쓰이는 품사: 명사, 대명사

4형식 주어 + 동사 + 간접목적어 + 직접목적어(= S + V + IO + DO)

목적어 2개로 완전한 뜻을 나타낸다.

➡ 수여동사: give, send, make, show, buy, cook, ask 등
➡ 간접목적어: 주로 사람이나 동물이 온다.
➡ 직접목적어: 주로 사물이 온다.

5형식 주어 + 동사 + 목적어 + 목적보어(= S + V + O + C)

목적어를 보충하는 말 즉, 목적격보어가 필요하다.

➡ 불완전타동사: make, call, think, want, see, hear 등
➡ 보어로 쓰이는 품사: 명사, 대명사, 형용사

2 8품사

1 명사: 사람이나 사물의 이름을 나타내는 말
2 대명사: 명사 대신에 쓰이는 말
3 동사: 사람과 사물의 동작이나 상태를 나타내는 말
4 형용사: 명사나 대명사를 수식하는 말
5 부사: 동사, 형용사 또는 다른 부사를 수식하는 말
6 전치사: 명사 또는 대명사 앞에 놓여서 형용사구나 부사구를 만드는 말
7 접속사: 단어와 단어, 구와 구, 절과 절을 연결하는 말
8 감탄사: 기쁨, 슬픔, 놀람 등의 여러 가지 감정을 나타내는 말

3 문장의 4요소

문장은 주어, 동사, 목적어, 보어라는 4가지 중요한 요소로 뼈대를 이루는데 이를 문장의 4요소라고 한다.

① **주어(~은, ~이)**: 주부의 중심이 되는 말로 명사, 대명사가 쓰인다.
② **동사(~하다, ~이다)**: 술부의 중심이 되는 말로 주어를 설명하는 말이다.
③ **목적어(~에게, ~를)**: 동사의 동작을 받는 말로 명사, 대명사가 쓰인다.
④ **보어(~하다, ~이다)**: 주어와 목적어를 설명하는 말로 명사, 대명사, 형용사가 쓰인다.

4 동사의 분류

┌ **자동사**: 목적어가 필요 없는 동사   ┌ **완전동사**: 보어가 필요 없는 동사
└ **타동사**: 목적어가 필요한 타동사   └ **불완전동사**: 보어가 필요한 동사

1 완전자동사: 보어가 필요 없는 동사 (1형식 동사)
2 불완전자동사: 보어(주격보어)가 필요한 동사 (2형식 동사)
3 완전타동사: 목적어가 필요한 동사 (3형식 동사)
4 수여동사: 목적어 2개(간접목적어, 직접목적어)가 필요한 동사 (4형식 동사)
5 불완전타동사: 보어(목적격보어)가 필요한 동사 (5형식 동사)

TIP

❶ **4형식과 5형식의 구별**
4형식은 IO≠DO의 관계, 5형식은 O=C의 관계가 성립된다.

❷ **2형식과 3형식의 구별**
2형식은 S=C의 관계, 3형식은 S≠O의 관계가 성립된다.

❸ 4형식에서 간접목적어와 직접목적어의 위치를 서로 바꾸고 간접목적어 앞에 전치사(to, for, of) 등을 놓으면 3형식이 된다.

Pattern Practice

1. I go.
2. I go to school.
3. I go to school at seven in the morning.
4. There is a book on the desk.
5. He is at school.
6. He is a doctor.
7. She is happy.
8. She looks young.
9. He became a scientist.
10. The leaves turn red and yellow in autumn.
11. I have a good friend.
12. He has lunch at twelve-thirty.
13. I like them.
14. I like apples and bananas.
15. I want a book.
16. I want to read a book.
17. I enjoy reading a book.
18. I don't know what to do next.
19. I think that my friend is diligent.
20. He gave me some flowers. (= He gave some flowers to me.)
21. He teaches us English. (= He teaches English to us.)
22. She made me a doll. (= She made a doll for me.)
23. My mother bought me a book. (= My mother bought a book for me.)
24. I think him honest.
25. I made her happy.
26. I made her a teacher.
27. I want him to read a book.
28. I saw him read a book.
29. I saw him reading a book.
30. I made him read a book.

영작 연습

1. 나는 아침 7시에 학교에 갑니다.

2. 책상 위에 책이 있습니다.

3. 나의 아버지는 학교에 계십니다.

4. 나의 아버지는 선생님입니다.

5. 나는 좋은 친구가 있습니다.

6. 그는 12시 30분에 점심을 먹습니다.

7. 나는 사과와 바나나를 좋아합니다.

8. 나는 책을 읽기를 원합니다.

9. 나는 다음에 무엇을 해야 할지 모릅니다.

10. 나는 나의 친구가 부지런하다고 생각합니다.

11. 그는 나에게 약간의 꽃을 주었습니다.

12. 나의 어머니는 나에게 책을 사주셨습니다.

13. 나는 그가 정직하다고 생각합니다.

14. 나는 그가 책을 읽기를 원합니다.

15. 나는 그녀가 책을 읽고 있는 것을 보았습니다.

연습문제

1. 다음 영문을 우리말로 옮기시오.

   (1) I go to school at seven in the morning.

   (2) There are many trees in the park.

   (3) He is at school now.

   (4) He is a doctor.

   (5) She looks young and happy.

   (6) The leaves turn red and yellow in fall.

   (7) He has lunch at twelve-thirty.

   (8) I want to read many books.

   (9) I want him to read many books.

   (10) I sent him some flowers.

   (11) My father bought a camera for me.

   (12) I made her happy.

   (13) I made her go home.

   (14) I saw him write a letter.

   (15) I saw him writing a letter.

2. 다음 문장을 영작하시오.

   (1) 나는 무엇을 해야 할지 모른다.

   (2) 그녀는 나에게 책을 주었다.

   (3) 나는 그가 정직하다고 생각한다.

   (4) 그는 내가 영어를 열심히 공부하기를 원한다.

   (5) 탁자 위에 전화가 있습니다.

3. 다음 문장의 형식을 (   ) 안에 써 넣으시오.

(1) I go to school by bus every morning.   (   )

(2) He made her a nurse.   (   )

(3) She gave some flowers to me.   (   )

(4) My sister swims very fast.   (   )

(5) My sister looks very happy.   (   )

(6) I brush my teeth before breakfast.   (   )

(7) My sister plays with dolls at home.   (   )

(8) He made me happy.   (   )

(9) I enjoy reading books in autumn.   (   )

(10) I want him to study English hard.   (   )

4. 다음 (   ) 안에서 알맞은 전치사를 고르시오.

(1) I will show my picture (to, for, of) you.

(2) He bought a car (to, for, of) his father.

(3) She gave a story book (to, for, of) me.

(4) He asked a question (to, for, of) me.

(5) My father made a model airplane (to, for, of) me.

5. 다음 문장과 형식이 같은 것을 고르시오.

(1) There is a book on the desk.

(A) He is a student.   (B) He is at home.

(C) I gave my friend a book.   (D) He made me a doctor.

(2) It is not easy to learn English.

(A) I want to learn English.   (B) I want him to learn English.

(C) It looks like a monkey.   (D) I go to school by subway.

6. 다음 단어의 배열을 알맞게 하여 올바른 영어 문장을 만드시오.

(1) happy, she, him, made _____

(2) became, a, she, nurse _____

(3) don't, I, know, what, to do _____

1 Rocky the squirrel **lives** in a beautiful park. Yesterday he **went** to the river and **watched** the fish. "The fish can **swim** so well," he thought. "I would like to swim, too."

(Notes) would like to:

2 Jane is going to **buy** some postcards **for** Chanho. Jane is also going to send Chanho a picture of her family. She is going to **tell him** about her school and American holidays. They are going to learn a lot from each other.

(Notes) a lot: each other:

3 He can draw very nice pictures with pencils or crayons. He draws horses, houses, boats and airplanes. He sometimes plays with mud. He makes apples and animals with it. He **shows** them **to** me, **to** our parents and **to** his friends.

(Notes) show them to me:

4 One day Mr. Rabbit **met** Mr. Turtle. "I have never raced with you," said Mr. Rabbit. "Would you race with me?" "Everyone knows **that** I am slow," said Mr. Turtle. "Why should I race with you?"

(Notes) have never raced: should:

5 There is a nice **park** in the center of Manhattan. They **call** it **Central Park**. Perhaps you have heard of this wide park. People in New York love this place very much. Old men and women are seen on the benches.

(Notes) hear of:

6 After an hour or so the little boy **heard** a strange sound. Then he **saw** a wolf **come** near the sheep. He yelled, "Wolf!" But no one came. Then he **ran** to his house to tell his father about the wolf.

(Notes) an hour or so: no one:

영어장문 독해연습

You know that Thomas Edison was a great American inventor. He invented many useful things. (a) <u>Perhaps</u> you think that he was a good student at school. (b) <u>He was not.</u> (c) <u>His teacher taught him many things.</u> But Tom forgot (d) <u>them</u>.

The teacher said to Mrs. Edison, "I am sorry, but I can't teach your son. He forgets everything." (e) "<u>I see.</u> I will teach him at home, then." Mrs. Edison said.

Tom attended school (A) only three months. "Don't be sad. You can study at home," she said to her son.

Mrs. Edison was a good teacher. She always said, "Study hard, and be a useful man."

Tom liked to study at home. He liked science best. Edison studied hard and (f) <u>at last</u> became a great inventor. We all use some of his inventions every day.

1. 밑줄 친 (a)와 바꾸어 쓸 수 있는 말은? _____

2. 밑줄 친 (b) 다음에 생략된 말을 써 넣으시오. _____

3. 밑줄 친 (c)와 문형이 같은 것은?
   (A) He bought his son a camera.   (B) He made a doll for her.
   (C) He made her happy.   (D) He was a good student.

4. 밑줄 친 (d)는 앞의 문장에서 어떤 말을 가리키는가? _____

5. 밑줄 친 (e)의 뜻은?
   (A) 본다.   (B) 알겠다.   (C) 물론.   (D) 글쎄.

6. (A)에 알맞은 말은?
   (A) at   (B) of   (C) to   (D) for

7. 밑줄 친 (f)의 뜻과 같은 것은?
   (A) at least   (B) finally   (C) at first   (D) a lot of

8. 위 글의 내용과 일치하는 것은?
   (A) 에디슨은 훌륭한 학생이었다.   (B) 에디슨은 학교생활에 맞지 않았다.
   (C) 에디슨은 영국의 과학자이다.   (D) 선생님은 그를 칭찬했다.

Basic Conversation

A: How are you this morning?
B: Fine, thank you.

A: Who is this girl?
B: She is my sister, Minji.

A: Hi, Minji.
B: This is my friend, Chanho.

A: Glad to meet you.
C: Nice to meet you, too.

A: You are very pretty.
C: Thank you. Where are you going?

A: I will go swimming with your brother. How about you?
C: I would like to go with you.

A: Where shall we go?
C: I know a good place.

B: Where is it?
C: It's around our school.

A: O.K. Let's take a bus.
B: It's coming over there.

영어 회화연습

A: 오늘 아침 어때?
B: 좋아, 고마워.

A: 이 소녀는 누구니?
B: 내 동생, 민지야.

A: 안녕, 민지.
B: 내 친구, 찬호야.

A: 만나서 반가워.
C: 나도 반가워요.

A: 아주 귀엽구나.
C: 고마워요. 어디에 가죠?

A: 너의 오빠와 수영하러 가려고 해. 너는 어떠니?
C: 나도 같이 가고 싶어요.

A: 어디로 갈까?
C: 내가 좋은 곳을 알아요.

B: 어디지?
C: 우리 학교 근처예요.

A: 좋아. 버스를 타자.
B: 버스가 저기 온다.

용법상의 문장의 종류

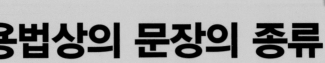

1. I am a student.	나는 학생입니다.
2. I am not a student.	나는 학생이 아닙니다.
3. Are you a student?	당신은 학생입니까?
Where is your house?	당신의 집은 어디에 있습니까?
Is this a book or a notebook?	이것은 책입니까 혹은 공책입니까?
It is fine today, isn't it?	오늘은 날씨가 좋군요, 그렇지 않아요?
Do you know who he is?	당신은 그가 누구인지 압니까?
4. Go home.	집에 가라.
Let's go home.	집에 갑시다.
5. How beautiful this flower is!	이 꽃은 참 아름답구나!

1 **평서문** 사실 그대로 진술하는 글이다.

2 **부정문** not으로 문장을 부정하는 글이다.

3 **의문문** 의문을 나타내는 글이다.
　의문문의 종류: ① 의문사가 없는 의문문
　　　　　　　　　 ② 의문사가 있는 의문문
　　　　　　　　　 ③ 선택의문문
　　　　　　　　　 ④ 부가의문문
　　　　　　　　　 ⑤ 간접의문문

4 **명령문** 명령, 의뢰, 금지 등을 나타내는 말로서 주어를 생략한다.
　명령문의 종류: ① 직접명령문
　　　　　　　　　 ② 간접명령문

5 **감탄문** 강한 감정을 나타내는 글로서 문두에 How나 What이 온다.

1 부정문 만드는 방법

1 be동사와 조동사의 부정문 be동사 혹은 조동사 바로 뒤에 not을 써 넣는다.

- I am a student.
  → I am **not** a student.
- I can speak English.
  → I can **not** speak English.

2 have동사와 일반동사의 부정문 have동사와 일반동사의 앞에 don't나 doesn't를 써 넣는다.

- I have a book.
  → I **don't** have a book.
- He has a book.
  → He **doesn't** have a book.
- I go to school.
  → I **don't** go to school.
- He goes to school.
  → He **doesn't** go to school.

➡ don't: have가 올 때, 즉 주어가 1인칭, 2인칭 및 모든 복수일 때
   doesn't: has가 올 때, 즉 주어가 3인칭 단수일 때

2 의문문의 종류

1 의문사가 없는 의문문 Yes나 No로 대답하는 의문문으로 끝을 올려 읽는다.

- Are you a student?
  Yes, I am. / No, I am not.
- Do you have a book?
  Yes, I do. / No, I don't.

2 의문사가 있는 의문문 의문사가 항상 앞에 나오고 Yes나 No로 대답하지 않고 끝을 내려 읽는다.

- Who are you?
  I am Tom.
- When do you get up?
  I get up at six.
- What is he?
  He is a doctor.
- Where does he live?
  He lives in Seoul.
- Who likes you?
  He likes me.
- How did she go to school?
  She went to school by bus.

3 선택의문문 둘 중에서 하나를 선택하는 의문문으로 Yes나 No로 대답하지 않으며 보통 or 앞을 올려 읽고 끝은 내려 읽는다.

- Is this a dog or a cat?
  It is a dog.
- Do you like him or her?
  I like her.
- Which do you like better, spring or autumn?
  I like autumn better than spring.

4 **부가의문문** 평서문 뒤에 짧게 덧붙인 의문문으로 상대방에게 다짐을 하거나 동의를 구할 때 쓰이는 구어체이다. 보통 긍정문 뒤에 부정의문문, 부정문 뒤에 긍정의문문이 온다.

- It is fine today, isn't it?
- It is not fine today, is it?

- Tom has many books, doesn't he?
- Jane doesn't have many books, does she?

5 **간접의문문** 의문사로 시작되는 의문문으로 글의 일부가 되어 명사절을 이룰 때 이를 간접의문문이라고 한다. 간접의문문의 어순은 〈의문사 + 주어 + 동사〉이다.

- Do you know? ┐
  Who is he? ┘ ·· Do you know who he is?

- Do you think? ┐
  Who is he? ┘ ·· Who do you think he is?

➜ 의문사가 없을 때에는 if나 whether를 써서 두 문장을 연결한다.
➜ think, believe, say 등의 동사가 쓰일 때에는 의문사가 맨 앞에 놓인다.

3 의문문 만드는 방법

1 **be동사와 조동사의 의문문** 주어와 be동사 혹은 조동사의 위치를 서로 바꾼다.

- You are a student.　　　　　　　　　• You can speak Korean.
  → **Are** you a student?　　　　　　　　　→ **Can** you speak Korean?

2 **have동사와 일반동사의 의문문** 주어 앞에 Do나 Does를 써 넣는다.

- You have a book.　　　　　　　　　• He has a book.
  → **Do** you have a book?　　　　　　　→ **Does** he have a book?

- You like me.　　　　　　　　　　　• He likes me.
  → **Do** you like me?　　　　　　　　　→ **Does** he like me?

4 명령문

1 **직접명령문 (2인칭 명령문)**

- Study hard.　　　　　　　　　　• Be kind to others.
- Don't study hard.　　　　　　　　• Don't be kind to others.

2 간접명령문 (1인칭 명령문, 3인칭 명령문)

- Let me know your name.
- Let me not know your name.

- Let him go home.
- Let him not go home.

- Let us go out.
- Let us not go out.

- Let's go out.
- Let's not go out.

5 감탄문의 종류와 만드는 방법

1 How가 문두에 오는 감탄문 〈How + 형용사(부사) + 주어 + 동사!〉

This girl is very pretty. → How pretty this girl is!

형용사 뒤에 명사가 없으면 How를 쓴다.

very 자리에 How를 써서 문두에 놓고 〈주어 + 동사〉의 어순으로 뒤에 놓는다.

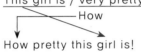

How pretty this girl is!

2 What이 문두에 오는 감탄문 〈What + (a, an) + 형용사 + 명사 + 주어 + 동사!〉

This is a very pretty girl. → What a pretty girl this is!

형용사 뒤에 명사가 있으면 What을 쓴다.

very 자리에 What을 써서 문두에 놓고 〈주어 + 동사〉의 어순으로 뒤에 놓는다.

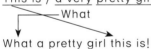

What a pretty girl this is!

Pattern Practice

1. There were no boys on the playground.

2. You may not come in.

3. He doesn't have any friends in Seoul.

4. I don't know what to say.

5. Was he a scientist?

6. Does she sing a song?

7. Can she play the piano?

8. May I sit on the chair?

9. Who is the lady?

10. What is the lady?

11. Who likes you?

12. Who does he like?

13. Whom do you like?

14. Whose book is this?

15. Whose is this book?

16. When do you start?

17. What time do you go to bed?

18. Where is your house?

19. Where do you live?

20. How are you this morning?

21. Why were you absent yesterday?

22. Is he a doctor or a teacher?

23. Which do you like best, an apple, an orange or a banana?

24. She is happy, isn't she?

25. I don't know who she is.

26. Who do you believe is honest?

27. I don't know if she is honest.

28. We are late this morning. Let's run.

29. Don't make a noise while I am studying.

30. How wonderful Jamsil Olympic Stadium is!

영작 연습

1. 운동장에는 소년들이 없었다.

2. 그는 서울에 친구가 하나도 없다.

3. 나는 뭐라 말해야 할지 모르겠다.

4. 제가 의자에 앉아도 좋아요?

5. 예, 앉아도 좋아요.

6. 그녀는 피아노를 칠 수 있습니까?

7. 당신은 누구를 좋아합니까?

8. 당신은 몇 시에 일어납니까?

9. 당신은 언제 출발합니까?

10. 당신의 집은 어디에 있습니까?

11. 당신은 어디에서 삽니까?

12. 당신은 어제 왜 결석했습니까?

13. 나는 그녀가 정직한지 모르겠다.

14. 당신은 그가 누구라고 생각합니까?

15. 이 꽃은 참 아름답군요!

연습문제

1. 다음 문장을 부정문으로 고치시오.

(1) I am a student.

(2) You can speak English, too.

(3) He has many friends.

(4) She walks very fast.

(5) There are many flowers in the garden.

2. 다음 문장을 의문문으로 고치시오.

(1) My father is a teacher.

(2) His mother can speak Chinese, too.

(3) The boys have new gloves.

(4) He goes to school early in the morning.

(5) There is a telephone on the table.

3. 다음 (   ) 안에 알맞은 말을 써 넣으시오.

(1) Are you a student?   (2) Is he a doctor?

Yes, (   )(   ).   No, (   )(   ).

(3) Do you have a book?   (4) Does she go to school?

Yes, (   )(   ).   No, (   )(   ).

(5) Can you speak English?   (6) Is there a book on the desk?

Yes, (   )(   ).   No, (   )(   ).

4. 다음 (   ) 안에 알맞은 의문사를 써 넣으시오.

(1) (   ) are you?   (2) (   ) are you?

I am Tom.   I am a doctor.

(3) (   ) is this?   (4) (   ) do you get up?

It is a book.   I get up at six.

(5) (   ) does he live?   (6) (   ) did she go to school?

He lives in Seoul.   She went to school by bus.

5. 다음 밑줄 친 곳에 부가의문문을 써 넣으시오.

(1) You were very busy, _____?

(2) Tom has many books, _____?

(3) It is not fine today, _____?

(4) Chanho speaks English well, _____?

(5) His mother went to the market, _____?

6. 다음 두 문장을 연결하여 한 문장으로 만드시오.

(1) Do you know? Who is he?

Do you know _____?

(2) Do you know? Where does he live?

Do you know _____?

(3) Do you know? Who likes you?

Do you know _____?

(4) Do you know? Is he honest?

Do you know _____?

(5) Do you think? When did she start?

When do you think _____?

7. 다음 문장을 명령문으로 고치시오.

(1) You are a good student.

(2) You go home quickly.

(3) You don't play here.

(4) I know your name.

(5) He studies English hard.

8. 다음 문장을 감탄문으로 고치시오.

(1) This flower is very beautiful.

(2) That is a very beautiful flower.

(3) He walks very fast.

(4) These are very tall buildings.

(5) You have a very nice car.

7   Mr. rabbit was angry. "**How foolish you are!** Shall we race to the mountain?" he said. "Sure. Let's go," said Mr. Turtle.

(Notes) Shall we race?:

8   There was a tall tree near the lake. Mr. and Mrs. Brown could watch the children and the boats on the lake from there. "**They're very pretty, aren't they?**" said Mrs. Brown.

(Notes) aren't they?:

9   Oh, sure. **Go this way up to the street**, and then turn to the left at the big store. There you'll see the building within five minutes.

(Notes) go this way:

10   **How are you and Tom?** When are you going to have your vacation? All of my students here are studying very hard now. They are going to have very difficult tests before their vacation.

(Notes) all of my students:

11   At the table Aunt Helen asked, "**What did you do, Tom?**" "I played in the pond. I'm fond of swimming. Swimming in the pond is a lot of fun," answered Tom.

(Notes) be fond of:

12   Mary was reading a story in the living room. "Will you come with me?" said Mrs. Brown to Mary. Mrs. Brown wanted to buy something for a picnic. "**Where are you going, mother?**" asked Mary. "I want to go to the grocery store," answered Mrs. Brown.

(Notes) for a picnic:

13   Mrs. Brown bought many things in the store. "**Now, let's go home, Mary,**" said Mrs. Brown. "But Mother, you forgot to buy candy for me," said Mary. "I'm sorry, Mary. I forgot the candy. **Let's buy some now,**" said Mrs. Brown.

(Notes) Let's buy some now.:

Soon a big plane came down (a) <u>like</u> a large bird. The door (b) <u>opened</u>, and Mr. Brown came out of the plane. He was glad to see his family (A) the airport.

They waited (B) Mr. Brown's bag. Men took bags out of the plane.

Tom looked (C) the big plane.

"What a plane!" said Tom. "May I look inside it, Daddy?"

"Yes, you may," said Mr. Brown.

Tom went into the plane. He saw many people in the plane.

Mary saw an airport bus. People were going to the city in this bus. Tom wanted a ride in the airport bus, too.

"No, Tom. We must go in our car," said Mr. Brown.

(c) <u>How happy Tom and Mary were to see their father again!</u>

1. 밑줄 친 (a)와 같은 용법으로 쓰인 것은?

    (A) I like a large bird.   (B) He ran away fast like a cat.

    (C) She likes a small dog.   (D) They like to read books.

2. 밑줄 친 (b)의 용법과 같은 것은?

    (A) Tom opened the door.   (B) Would you open the door?

    (C) The door opened by itself.   (D) Shall I open the door?

3. (A)와 (C)에 공통으로 들어갈 수 있는 말은?

    (A) at   (B) in   (C) to   (D) for

4. (B)에 알맞은 말은?

    (A) at   (B) on   (C) for   (D) to

5. 밑줄 친 감탄문 (c)를 직설문으로 고칠 때 (   ) 안에 알맞은 말은?

    Tom and Mary were (   )(   ) to see their father again.

6 위 글의 내용과 일치하는 것은?

    (A) 톰의 아버지는 사업차 여행 중이다.   (B) 톰과 메리는 지하철을 구경했다.

    (C) 아버지는 선물을 많이 가져오셨다.   (D) 톰과 메리는 아버지를 다시 만나 기뻤다.

Basic Conversation

A: Are you American?
B: No, I'm not. I'm English.

A: Is this your first visit to Korea?
B: No, it isn't.

A: How many times have you been in Seoul?
B: I have been in Seoul five times.

A: What for?
B: On business.

A: Where do you stay?
B: I stay at Lotte Hotel in Jamsil.

A: Have a good time in Seoul.
B: Thank you very much.

영어 회화연습

A: 당신은 미국인입니까?

B: 아니요, 그렇지 않습니다. 영국인입니다.

A: 이번이 한국에 첫 번째 방문입니까?

B: 아니요, 그렇지 않습니다.

A: 서울에 몇 번이나 오셨습니까?

B: 서울에 다섯 번 왔습니다.

A: 무엇 때문에 오셨습니까?

B: 사업차 왔습니다.

A: 어디에 머무십니까?

B: 잠실 롯데 호텔에 머뭅니다.

A: 서울에서 즐거운 시간 보내세요.

B: 대단히 감사합니다.

Chapter 03 동사의 기본 시제

1. He **is** happy.	그는 행복하다.
2. He **was** happy.	그는 행복했다.
3. He **will be** happy.	그는 행복할 것이다.
4. I **go** to school.	나는 학교에 간다.
5. I **went** to school.	나는 학교에 갔다.
6. I **will go** to school.	나는 학교에 갈 것이다.

1 동사의 기본 시제 현재, 과거, 미래를 기본 시제라고 한다.

1 현재 시제 현재의 동작, 상태, 사실 등을 나타낸다.

2 과거 시제 과거의 동작, 상태, 사실 등을 나타낸다.

3 미래 시제 미래의 동작, 상태, 사실 등을 나타낸다.

2 과거 시제

1 동사의 활용 규칙 변화와 불규칙 변화가 있다.

① 규칙 동사: 동사원형의 어미에 −(e)d를 붙인다.

- play - played - played
- live - lived - lived
- study - studied - studied
- stop - stopped - stopped

- look - looked - looked
- like - liked - liked
- cry - cried - cried
- beg - begged - begged

② 불규칙 동사

- am - was - been
  is - was - been
  are - were - been

- have - had - had
  has - had - had

- cut - cut - cut
- read - read - read

- say - said - said
- meet - met - met
- make - made - made

- go - went - gone
- see - saw - seen

- know - knew - known
- lie - lay - lain

3 미래 시제

1 미래의 뜻을 나타내는 will

① 동사 앞에 will을 놓고 동사는 원형이 온다.
② will은 주어가 3인칭 단수일 때도 동사에 −s를 붙이지 않는다.
③ will은 be going to와 같은 뜻으로 쓰인다.

- He **goes** to school by bus.
  He **will go** to school by bus.

- Tom **comes** home in the afternoon.
  Tom **will come** home in the afternoon.

- They **will** go to New York tomorrow.
  They **will not** go to New York tomorrow. (will의 부정문)

- I'**ll** come back by subway. (I'll = I will)
  I **won't** get up early this morning. (won't = will not)

2 will의 의문문

- **Will** it rain tomorrow?
  Yes, it will.

- **Will** he start tomorrow morning?
  Yes, he will.

3 상대방의 의사를 묻는 경우

- **Will** you open the window?
  Yes, I will. / All right.
  No, I won't.

- **Shall** I open the window?
  Yes, please. / Yes, thank you. ·· (수락할 때)
  No, that's all right. / No, thank you. ·· (거절할 때)

- **Shall** we open the window?
  Yes, let's. ·· (수락할 때)
  No, let's not. ··· (거절할 때)

4 <be going to + 동사원형>

- He **will** visit Korea again next year.
  = He **is going to visit** Korea again next year.

- **Will** you have a meeting?
  = **Are** you **going to have** a meeting?

Pattern Practice

1. My sister **cleans** the room.

2. My sister **cleaned** the room.

3. My sister **will clean** the room.

4. My sister **is going to clean** the room.

5. He **has** a party today.

6. He **had** a party yesterday.

7. He **will have** a party tomorrow.

8. He **is going to have** a party the day after tomorrow.

9. She **will meet** her friend next week.

10. She **will not forget** her friend's kindness.

11. **Will** she be a third grade next year? Yes, she **will**.

12. **Will** you open the window? Yes, I **will**.

13. **Shall** I open the window? Yes, **please**.

14. **Shall** we go swimming? Yes, **let's**.

15. **Will** you close the window? No, I **won't**.

16. **Shall** I close the window? No, **thank you**.

17. **Shall** we go camping? No, **let's not**.

18. **Will** she be a great pianist? No, she **will not**.

19. **Are** you **going to learn** French? Yes, I **am**. / No, I **am not**.

20. He **is coming** to my birthday party.

21. He **is not arriving** here soon.

22. **Is** he **coming** soon? Yes, he **is**. / No, he **isn't**.

23. Who **will come** to my birthday party? Tom **will**.

24. When **will** he leave Seoul? He **will** leave Seoul tomorrow morning.

25. Where **are** you **going to meet** her? At her home.

영작 연습

1. 그는 오늘 학교에 간다.

2. 그는 어제 학교에 갔다.

3. 그는 내일 학교에 갈 것이다.

4. 그녀는 오후 4시에 집에 올 예정이다.

5. 당신은 언제 서울을 떠날 예정입니까?

6. 나는 오늘 저녁 7시에 김포공항을 떠날 예정입니다.

7. 당신은 점심 식사로 무엇을 먹겠습니까?

8. 나는 점심으로 불고기를 먹겠습니다.

9. 물 한 컵 갖다 주시겠습니까?

10. 예, 물론이지요.

11. 제가 문을 열어드릴까요?

12. 예, 부탁드립니다.

13. 제가 커피 한 잔 갖다 드릴까요?

14. 아니요, 사양하겠습니다.

15. 그가 곧 파티에 올 것입니다.

연습문제

1. 다음 영문을 우리말로 옮기시오.

(1) She brushes her teeth every morning.

(2) She washed her face and hands before going to bed.

(3) She will brush her teeth before breakfast.

(4) He has many books in his room.

(5) He had a lot of books in his room.

(6) He will have lots of apples in autumn.

(7) He is going to have his birthday party next week.

(8) Will he be seventeen next year? Yes, he will.

(9) Will it rain tomorrow morning? Yes, it will.

(10) Will you bring me a glass of water? Yes, of course.

(11) Shall I carry this bag? Yes, please.

(12) Will you close the window? No, I won't.

(13) Shall I open the window? No, thank you.

(14) Are you going to invite her to your birthday party? Yes, I am.

(15) Is he coming soon? No, he isn't.

2. 다음 문장을 (   ) 안의 지시대로 고치시오.

(1) He goes to school by bus. (과거 시제)

_____

(2) He has lunch at twelve-thirty. (미래 시제)

_____

(3) He is sixteen. (미래 시제)

_____

(4) Does she leave Seoul? (미래 시제)

_____

(5) What are you doing here? (미래 시제)

_____

3. 다음 (   ) 안에 동사의 과거와 과거분사를 써 넣으시오.

(1) look (   ) (   )   (2) open (   ) (   )

(3) like (   ) (   )   (4) live (   ) (   )

(5) study (   ) (   )   (6) play (   ) (   )

(7) want (   ) (   )   (8) end   (   ) (   )

(9) stop (   ) (   )   (10) beg (   ) (   )

(11) am   (   ) (   )   (12) are (   ) (   )

(13) have (   ) (   )   (14) has (   ) (   )

(15) read (   ) (   )   (16) cut (   ) (   )

(17) say (   ) (   )   (18) hear (   ) (   )

(19) see (   ) (   )   (20) write (   ) (   )

4. 다음 〈보기〉의 밑줄 친 부분과 발음이 같은 것은?

〈보기〉 want<u>ed</u>

(A) look<u>ed</u>   (B) open<u>ed</u>   (C) stop<u>ed</u>   (D) end<u>ed</u>

5. 다음 대화의 대답으로 알맞은 것은?

(1) Will you go on a picnic?
   (A) Yes, please.   (B) Yes, let's go on a picnic.
   (C) No, thank you.   (D) No, I won't.

(2) Shall I bring you a cup of coffee?
   (A) Yes, let's.   (B) Yes, you will.
   (C) No, thank you.   (D) No, you won't.

(3) Shall we go swimming?
   (A) Yes, let's.   (B) Yes, you shall.
   (C) No, thank you.   (D) No, you won't.

(4) Does he turn on the radio?
   (A) Yes, he turns on.   (B) Yes, he turns it on.
   (C) He does.   (D) No, he does.

(5) What did Mr. Brown do?
   (A) He wrote a story book.   (B) Yes, he made a dog's house.
   (C) No, he didn't.   (D) Yes, he did.

14   Today **is** Saturday. I **like** Saturday very much. There **is** no school on Saturday. Mary and I always **work** on Saturday morning. In the afternoon we **play** with our friends.

(Notes) There is no school:

15   The boy **took** the stick and **went** to the inn. The innkeeper **thought** that the stick **was** full of magic like the tablecloth and the sheep. So in the night he **tried** to take the stick, but the boy **saw** him just in time.

(Notes) be full of: in time:

16   It **was** Friday afternoon. Every Friday afternoon Mrs. Brown **went** to the grocery store. "How **are** you **going** to the store?" asked Mary. Mary always asked this question. She didn't like to walk to the store. "**Shall** we go by car?" said Mrs. Brown. "Yes, **let's** go by car," said Mary. Mary **was** happy. She **liked** to go by car. "I **want** to buy some candy, too."

(Notes) grocery store:

17   Tomorrow **is going to** be Jane's birthday. The Browns **will** give a birthday party tomorrow night. They **will invite** Jane's friends. Everybody **is going to** enjoy some delicious food. They **will** enjoy the food in the dining room. Jane **is helping** her mother. Jane's Aunt Mary **is going to** bring a beautiful doll for Jane's birthday. Jane **will** be busy and happy all day tomorrow. All of her friends **will** enjoy singing the birthday song together.

(Notes) all day:

18   Apollo **grew** angry when he **saw** Cupid. "What **are** you **doing**, child," he asked, "with such a bow? If you like to light the way of love, **carry** a lamp and **leave** your bow to me." However, Cupid **shook** his head and **answered**, "Great Apollo, **use** your own bow if you **will**. You **shall** not have mine!"

(Notes) You shall not have mine!:

영어장문 독해연습

Jane was a young girl. She worked on the farm. She (a) took care of the cows and hens. She was given a pail of milk (A) a present by her master because she worked very hard.

Jane was happy. She put the pail of milk on her head and walked (B) the road. On the road she thought, "I'm going to get (b) a lot of money (C) this milk. With the money I'm going to buy some hens. The hens will (c) lay eggs. From the eggs I'll get more hens. I'll (d) sell these hens, and with the money I'll buy a pretty red dress. How beautiful I'll look in my pretty red dress! All the men will look at me. They'll want to dance with me, but I'll not dance with them ... (e) at first. They'll come near me, but I'll just turn my head away, like this...."

Just then she really turned her head. The pail of milk fell off, and she lost all the milk.

1. 밑줄 친 (a)와 바꾸어 쓸 수 있는 것은?

   (A) looked after   (B) took after   (C) took off   (D) took over

2. (A)와 (C)에 공통으로 들어갈 수 있는 말은?

   (A) at   (B) of   (C) for   (D) to

3. (B)에 들어갈 알맞은 말은? _____

4. 밑줄 친 (b)와 바꾸어 쓸 수 있는 것은?

   (A) a lot   (B) many   (C) a lots of   (D) much

5. 밑줄 친 (c)의 동사의 변화는?

   (A) lay - layed - layed   (B) lay - laid - laid

6. 밑줄 친 (d)와 반대 뜻을 가진 말은? _____

7. 밑줄 친 (e)를 사용하여 간단한 문장 하나를 만드시오.

   _____

8. 위 글의 내용과 일치하는 것은?

   (A) 제인은 예쁜 숙녀이다.   (B) 그녀의 주인은 제인이 부지런하다고 생각했다.

   (C) 제인은 빨강색 스카프를 사고 싶어했다.   (D) 제인은 우유 통을 떨어뜨려 우유를 엎질렀다.

Basic Conversation

Mother: Is that you, John?

John: Yes, Mom, it's me. I'm home.

Mother: You're pretty late this evening.

John: We went up the hill behind the school.
There were a lot of things to see there.

Mother: Wasn't it cold up there?

John: No, it wasn't. The sun was warm.

Mother: I see. It's really spring. The days are getting longer.
We still have light at six-thirty.

John: And the nights are getting shorter.

Mother: What are you going to do now?

John: I'll take a bath and do my homework.

영어 회화연습

어머니: 존, 너니?

존:　　예, 엄마, 저예요. 다녀왔습니다.

어머니: 너 오늘 저녁에 꽤 늦었구나.

존:　　우리는 학교 뒤 언덕에 올라갔었어요.

　　　거기엔 볼 것이 많았어요.

어머니: 거기는 춥지 않았니?

존:　　예, 춥지 않았어요. 햇볕이 따뜻했어요.

어머니: 알았다. 벌써 봄이구나. 낮이 점점 길어지고 있어.

　　　6시 30분인데 아직도 밝아.

존:　　그리고 밤은 점점 짧아지고 있어요.

어머니: 이제 무엇을 할 거니?

존:　　저는 목욕하고 숙제를 할 거예요.

Chapter 04 조동사

1. He **can** play the piano.
2. You **may** come in.
3. It **may** rain tomorrow.
4. I **must** do my homework.
5. She **must be** tired.

그는 피아노를 칠 수 있다.
당신은 들어와도 좋다.
내일 비가 올지도 모른다.
나는 숙제를 해야 한다.
그녀는 피곤함에 틀림없다.

1 can의 용법

1 can의 과거   could = was(were) able to: ~할 수 있었다 (가능)

- I **can** drive a car.
- I **could** drive a car.
- I **was able to** drive a car.

2 can의 미래   will be able to

- I **can** swim in the river. ·· (현재)
- I **could** swim in the river. ·· (과거)
- I **will be able to** swim in the river. ··· (미래)

3 can의 부정   can not = cannot = can't = is not able to

- I **can't** speak Chinese.
  = I **am not able to** speak Chinese.

- I **couldn't** play the piano.
  = I **wasn't able to** play the piano.

- I **will not be able to** write a letter in English.

4 can의 의문문   be동사처럼 주어와 can의 위치를 서로 바꾼다.

- **Can** Tom speak Korean?
  Yes, he **can**.
  No, he **cannot**.

2 may의 용법

1 허가 ~해도 좋다

- **May** I sit down?
  Yes, you **may**. ··· (허가)
  No, you **may not**.·· (가벼운 거절)
  No, you **must not**. ·· (강한 거절)

2 추측 ~일지도 모른다

- **May** it rain tomorrow?
  Yes, it **may**. / No, it **may not**.

3 허가와 추측의 비교

- You **may** play here. ·· (허가)
- You **must not** play here. ·· (금지)
- It **may** be fine tomorrow. ·· (추측)
- It **may not** be fine tomorrow. ··· (추측)

3 must의 용법

1 필요, 의무 ~해야만 한다

- **Must** I go home now?
  Yes, you **must**(= have to). ·· (필요)
  No, you **need not**(= **don't have to**). ·· (불필요)

2 강한 추측 ~임에 틀림없다

- She **must** be tired. ·· (강한 추측)
- She **cannot** be tired. ·· (부정의 추측)

3 must(필요, 의무)의 과거와 미래

- I **must** finish the work.
- I **have to** finish the work. ·· (현재)
- I **had to** finish the work. ·· (과거)
- I **will have to** finish the work. ·· (미래)

4 must의 부정

- I **must** write a letter to my mother.
- I **need not** write a letter to my mother. ··· (불필요)
- He **must** be busy.
- He **cannot** be busy. ·· (부정의 추측)

Pattern Practice

1. I can play the piano.

2. He can play tennis.

3. You could read French.

4. She could write a letter in English.

5. Tom will be able to speak Korean.

6. Chanho will be able to speak Russian.

7. My sister can not cook curry and rice.

8. He was not able to arrive at the station in time.

9. She is not able to skate well.

10. What can you do? I can make a model airplane.

11. You may go home now.

12. We may have much rain tomorrow.

13. May I have another egg? Yes, you may. / No, you must not.

14. May it snow much this winter? Yes, it may. / No, it may not.

15. You must get up early in the morning.

16. You had to go to bed early at night.

17. You will have to take a walk every morning.

18. You must not go out too late at night.

19. You don't have to worry about that.

20. You didn't have to hurry up.

21. You will not have to leave Korea.

22. You need not wait for him for a long time.

23. Must I learn Japanese? Yes, you must. / No, you need not.

24. Will she have to write a diary? Yes, she will. / No, she won't.

25. Did you have to work last weekend? Yes, I did. / No, I didn't.

26. She must be beautiful.

27. She cannot be beautiful.

28. It must be cold this winter.

29. It cannot be warm this spring.

30. What does he have to do? He has to finish the work.

영작 연습

1. 그녀는 테니스를 칠 수 있다.

2. 그는 영어로 편지를 쓸 수 있다.

3. 나의 여동생은 내년에 수영을 할 수 있을 것이다.

4. 당신은 프랑스어를 할 수 있습니까?

5. 예, 할 수 있습니다. / 아니요, 할 수 없습니다.

6. 계란 하나 더 먹어도 돼요?

7. 응, 먹어도 돼. / 아니, 안 돼.

8. 내일은 눈이 많이 올지도 몰라.

9. 너는 오늘 아침에 버스로 학교에 가야만 한다.

10. 그는 공부를 열심히 해야만 했다.

11. 제가 일찍 일어나야 합니까?

12. 아니요, 필요 없습니다.

13. 그는 무엇을 해야 합니까?

14. 그는 그 일을 마쳐야 합니다.

15. 당신은 서두를 필요가 없었다.

1. 다음 영문을 우리말로 옮기시오.

   (1) I can play the violin.

   (2) He could play football.

   (3) She will be able to help her mother.

   (4) Are you going to do your homework?

   (5) He was able to take a trip in America.

   (6) May I use the telephone?

   (7) You may have a lot of apples.

   (8) It is cloudy. It may rain today.

   (9) You may not use my computer.

   (10) It's already seven. I must leave now.

   (11) You have to wait for a long time.

   (12) She had to finish the work.

   (13) He has to send her some flowers.

   (14) My mother must be happy now.

   (15) Must I write my name? No, you don't have to.

2. 다음 문장을 (   ) 안의 지시대로 고치시오.

   (1) He can speak Korean very well. (미래 시제)

   _____

   (2) You must get up at six in the morning. (미래 시제)

   _____

   (3) You must stay at home at night. (과거 시제)

   _____

   (4) You don't have to draw this picture. (과거 시제)

   _____

   (5) What does he have to do? (미래 시제)

   _____

3. 다음 (   ) 안에 알맞은 말을 써 넣으시오.

(1) Can you help my friend? Yes, I (   ).

(2) Is he able to send for a doctor? No, he (   ).

(3) Will you able to solve the problem? No, I (   ).

(4) May I sit down? Yes, you (   ).

(5) May I smoke here? No, you (   )(   )

(6) Must I attend the meeting? Yes, you (   ).

(7) Must I begin learning Japanese? No, you (   ) (   ).

(8) Do I have to take a bath every day? No, you (   ) (   ) (   ).

(9) He will (   ) to get to the party before long.

(10) You (   ) to do your best yesterday.

4. 다음 (   ) 안에서 알맞은 말을 고르시오.

(1) He will (has, have) to read this book.

(2) She will (have, be) able to get up early.

(3) Tom (have, had) to run after a stranger.

(4) She must (have, be) a fool.

(5) Do I have to bring him a cup of coffee?

　　No, you (don't have, need not).

5. 다음 문장의 밑줄 친 부분과 뜻이 같은 것은?

(1) You <u>don't have to</u> worry about the matter.

　　(A) can not　　　　(B) need not　　　　(C) may not　　　　(D) must not

(2) He <u>was able to</u> play the guitar.

　　(A) may　　　　(B) can　　　　(C) could　　　　(D) had to

6. 다음 두 문장의 뜻이 같아지도록 (   ) 안에 알맞은 말을 써 넣으시오.

(1) My mother must wash our clothes.

　　= My mother (   ) (   ) wash our clothes.

(2) What will you buy for me?

　　= What (   ) you (   ) (   ) buy for me?

(3) She can speak English very well.

　　= She (   ) (   ) (   ) speak English very well.

19 It is a beautiful morning. It is twenty-five minutes past seven. Mike is in bed. He is still asleep. His school begins at half past eight, so he **must** get up now. He **must** wash his face and hands. He **must** eat his breakfast before eight.

(Notes) be in bed:

20 Students **have to** read every day. Many students go to the library in the afternoon and read until evening. They go there almost every day, but some students never go to the library. They just play on the playground all afternoon.

(Notes) almost: all afternoon:

21 Rocky visited the owl and said, "**May** I ask you a question?" The owl said, "Of course, what is your question?" Rocky said, "The fish **can** swim well and the birds **can** fly well. I would like to swim and fly, too, but I **can't**. I am unhappy because I **can't** do anything."

(Notes) of course:

22 Someday we **may be able to** talk with dolphins and learn many secrets of the sea. Then, perhaps we **will be able to** know where we **can** find the treasure ships under the sea. We **will be able to** know where we **can** catch a lot of fish. Anyway, if we **can** understand what the voices from the ocean floor are saying, we will be able to learn many exciting things about the sea.

(Notes) be able to: a lot of:

23 We would like to speak English as well as Tom and Judy. We speak English as a foreign language. Before we **can** speak, read, and write English well, we **must** learn how to study it. Do you know how to study English? What is the best way to learn English? The answer is "Practice makes perfect." We are Korean. We just study English as a foreign language in classrooms. Therefore we **have to** practice it many times until we memorize it.

(Notes) as well as:

영어장문 독해연습

Mike sits at the table and says, "Good morning, Dad."

"Good morning, Mike," says his father. "Have some toast and jam."

Mother comes to the table with an egg for Mike.

"Mom, may I have a spoon and a fork, please?" Mike asks his mother.

"I'm sorry, Mike, but my hands are wet. You must get (a) them (b) yourself," she says, and then asks his father, "Do you want coffee or tea?" "Coffee, please," he answers. Mother brings a cup of coffee.

"Dad, pass me the salt, please," Mike says. His father passes the salt to Mike.

"Thanks," Mike says to his father, and then asks his mother, "May I have one more egg?"

"No, you (A) not, Mike. You already had enough, and you (c) must hurry to school," she answers.

1. 밑줄 친 (a)는 무엇 대신 쓰인 말인가?

_____

2. 밑줄 친 (b)의 용법과 다른 것은?

    (A) You must finish your work yourself.

    (B) Mike himself brings the salt.

    (C) You must look at yourself sometimes.

    (D) You had better get a spoon and a fork yourself.

3. (A)에 알맞은 말을 써 넣으시오.

_____

4. 밑줄 친 (c)와 바꾸어 쓸 수 있는 말은?

_____

5. 위 글의 내용과 일치하는 것은?

    (A) 오늘은 마이크의 생일이다.   (B) 아버지가 마이크에게 소금을 건네주셨다.

    (C) 어머니가 포크를 건네주셨다.   (D) 식사 후 모든 사람들이 TV를 봤다.

Basic Conversation

Alice: Hello.

Mike: Hello. Can I speak to Alice?

Alice: Yes, this is she. Who is calling, please?

Mike: Alice, this is Mike. How are you?

Alice: Fine, thanks. And you?

Mike: Just fine. I called you this morning, but you weren't at home.

Alice: I took a walk in the field with Betty.

Mike: Did you enjoy it?

Alice: Yes, we did. The air was clean and fresh.

Mike: The weather is good for tennis today. Will you play this afternoon, Alice?

Alice: No, I can't. I am tired now.

Mike: Can you play tomorrow?

Alice: Yes, I can, Mike.

Mike: Then I'll come to your house at ten.

Alice: O.K. I'll see you then.

Mike: Good-bye, Alice.

Alice: See you tomorrow.

영어 회화연습

앨리스: 여보세요.
마이크: 여보세요. 앨리스 좀 바꿔 주시겠어요?

앨리스: 예, 전데요. 누구세요?
마이크: 앨리스, 나 마이크야. 어떻게 지냈니?

앨리스: 좋아, 고마워. 너는?
마이크: 좋아. 내가 오늘 아침에 전화했었는데, 너 집에 없더라.

앨리스: 나는 베티와 들판에 산책 갔었어.
마이크: 재미있었니?

앨리스: 응, 그래. 공기가 깨끗하고 상쾌했어.
마이크: 오늘은 테니스 치기에 좋은 날씨야. 앨리스, 오늘 오후에 테니스 치겠니?

앨리스: 아니, 안 돼. 난 지금 피곤해.
마이크: 내일은 할 수 있겠니?

앨리스: 그래, 할 수 있어, 마이크.
마이크: 그러면 내가 10시에 너의 집으로 갈게.

앨리스: 좋아, 그때 만나자.
마이크: 안녕, 앨리스.

앨리스: 내일 보자.

Chapter 05 대명사

1. **It** was rainy yesterday evening.	어제 저녁에 비가 왔다.
2. Tom took care of his brother **himself**.	톰은 자기 동생을 스스로 돌보았다.
3. **Who** invented the radio?	누가 라디오를 발명했니?
4. **One** loves **one's** children.	사람은 자기 아이들을 사랑한다.

1 비인칭주어 it의 용법

1 날씨, 시간, 날짜, 요일, 계절, 거리, 명암 등을 나타낸다.

- **It** is fine today.
- **It** is seven o'clock.
- **It** is September 16th.
- **It** is Sunday today.
- **It** is spring now.
- **It** is five miles from here to your school.
- **It** is dark outside.

2 재귀대명사의 용법

1 **재귀적 용법** 주어의 동작이 자신에게 돌아가는 경우이며, 동사와 전치사의 목적어로 쓰인다.
문장에서 재귀대명사를 빼면 문장이 성립되지 않는다.

- He killed **himself**.
- She looked at **herself** in the water.

2 **강조적 용법** 주어나 목적어를 강조한다. 문장에서 재귀대명사를 빼도 문장이 성립된다.

- Chanho **himself** finished the work.
- I want to see Minji **herself**.

3 재귀대명사의 관용적 용법

- My brother did his homework **for himself**.
- She went there **by herself**.
- The door opened **of itself**.

3 의문대명사의 용법

1 **who의 용법** 사람의 이름이나 가족 관계를 물어볼 때 쓰인다. who는 주격이고, whose는 소유격이고, whom은 목적격이다.

- **Who** is she? She is Miss Kim. ··· (이름)
- **Who** is she? She is my sister. ·· (가족 관계)
- **Who** likes you? Tom likes me. ·· (who가 주격)

- **Whose** book is this? It is my book. ·· (소유격)
- **Whose** is this book? It is mine. ·· (소유대명사)
- **Whose** friend loves you? His friend loves me. ······························· (소유형용사)

- **Whom** do you like? I like Chanho. ··· (동사의 목적어)
- **With whom** did you play? I played with him. ·························· (전치사의 목적어)
- **Who** did you play **with**? I played with him. ·························· (전치사의 목적어)

2 **which의 용법** 사물과 사람에 쓰이고, 한정된 것 중에서 어느 것을 뜻한다.
- **Which** of these cars can you drive? ·· (사물)
- **Which** of them do you like? ··· (사물)
- **Which** of them solves the problem? ··· (사람)

3 **what의 용법** 사물과 사람에 쓰이고, 정해지지 않은 것 중에서 무엇을 뜻한다.
- **What** is this? It is a notebook. ·· (사물)
- **What** is she? She is a nurse. ·· (직업)
- **What** makes her sad? ··· (사물)

➡ 의문대명사는 모두 3인칭 단수 취급을 한다.

4 부정대명사의 용법

1 one의 용법

① 일반 사람을 나타낸다.
- **One** must do **one's** best.
  ➡ one의 소유격은 one's, 목적격은 one, 복수는 ones, 재귀대명사는 oneself이다.

② 앞에 나온 명사의 반복을 피하기 위해 쓰인다.
- My birthday party was a big **one**.
- Do you have a book? Yes, I have **one**.
- I have a book. I bought **it**(= the book) yesterday.

2 one, the other, the others, some, another의 용법

① **one ~ the other** ~: 둘 중의 하나는 one이고, 나머지 하나는 the other이다.
- Here are two dogs; **one** is mine and **the other** is hers.

② **one ~ the others** ~: 셋 이상에서 하나는 one이고, 그 나머지는 the others이다.
- There are many students; **one** is reading a book and **the others** are playing baseball.

③ **some ~ others** ~: 많은 것을 막연히 두 개로 나눌 때 (~도 있고, ~도 있다)
- I have a lot of flowers; **some** are white and **others** are red.

④ **another**: 다른 하나, 하나 더
- I don't like this cap. Show me **another**.
- May I have **another** pencil?

⑤ **each other**: 서로서로(둘의 경우), **one another**: 서로서로(셋 이상)
- He and she love **each other**.
- All the girls love **one another**.

3 some, any의 용법 부정대명사와 부정형용사로 쓰인다.

① some은 긍정문에, any는 부정문, 의문문, 조건문에 쓰인다. some과 any는 약간의 뜻으로 수와 양 모두에 쓰인다.
- **Some** of us went swimming.
- He has **some** books. I have **some** money.

- Do you have **any** of these books?
- Do you have **any** books?

- I don't know **any** of them.
- I don't have **any** books.

- If you have **any** money, lend me **some**.

② 권유와 부탁의 뜻일 때에는 의문문에서 any 대신에 some을 쓴다.
- Would you like **some** milk?
- Will you give me **some** water?

③ any가 긍정문에 쓰이면 '어떤 ~라도'의 뜻으로 쓰인다. 이때 any 뒤에는 단수명사가 온다.
- **Any** boy can play baseball after school.
- You may take **any** book.

④ some과 any가 −body, −one, −thing 등과 결합하여 부정대명사로 쓰인다.

- I have **something** to tell you.
- I met **somebody** in front of that building.

- Do you have **anything** to tell me?
- Did you meet **anyone** on your way home?

- I have **nothing** to tell you.
- **Nobody** was in the office at that time.

4 all, both의 용법 부정대명사와 부정형용사로 쓰인다.

① all은 '모든 사람'의 뜻으로 쓰이면 복수이고, '모든 것'으로 쓰이면 단수이다.

- **All** are busy.
- **All** is over.
- **All** of them are kind.

② all이 부정형용사로 쓰이면 수와 양 모두에 쓰인다.

- **All** the boys on the playground are playing baseball.
- I lost **all** the money.

③ both는 '둘 다', both A and B는 'A와 B 둘 다'의 뜻으로 쓰인다.

- **Both** of them are kind to me.
- **Both** Tom **and** Mary are kind to me.

5 each, every의 용법 each는 '각각'의, every는 '모든'의 뜻으로 모두 단수 취급을 한다.

- **Each** boy has his own desk.
- **Every** child has his own room.

Pattern Practice

1. It was snowy yesterday.

2. It is seven-thirty.

3. It is the 16th of September.

4. It was Tuesday yesterday.

5. It is warm this morning.

6. It was cold that morning.

7. It takes five minutes to go to your school by bus.

8. Jesus called himself the son of God.

9. Take care of yourself.

10. Tom himself did his homework.

11. I want to see Tom himself.

12. I made it for myself.

13. The old man climbs the mountain by himself.

14. The window closed of itself.

15. Who is this lady? She is Miss Brown.

16. Who is this lady? She is my mother.

17. What is this lady? She is a doctor.

18. Who discovered America?

19. Who do you want to see?

20. Which do you like better, a dog or a cat?

21. What do you want to have?

22. One should do one's best.

23. Her birthday party was a big one.

24. I have two dogs; one is mine and the other is Tom's.

25. I have many books; one is his and the others are mine.

26. Some are working and others are watching a baseball game on TV.

27. They looked one another.

28. Would you like some coffee?

29. I like both Jane and Mary.

30. I want to meet all the students.

영작 연습

1. 오늘 아침은 따뜻합니다.

2. 그날 아침은 추웠습니다.

3. 여기서 학교까지 10마일입니다.

4. 몸조심 하세요.

5. 톰은 스스로 숙제를 했다.

6. 나는 혼자의 힘으로 그 집을 지었다.

7. 그는 홀로 길을 걷고 있었다.

8. 창문이 저절로 열렸다.

9. 누가 라디오를 발명했습니까?

10. 당신은 누구를 만나기를 원합니까?

11. 사람은 최선을 다해야 한다.

12. 나는 두 마리의 개가 있다. 하나는 나의 것이고, 다른 하나는 그녀의 것이다.

13. 그들은 서로서로 사랑한다.

14. 커피 좀 드시겠습니까?

15. 나는 준호와 찬호 둘 다 좋아한다.

1. 다음 영문을 우리말로 옮기시오.

   (1) It was snowy yesterday evening.

   (2) Jane herself took care of her sister.

   (3) It is ten miles from here to the school.

   (4) She looked at herself in the water sometimes.

   (5) My brother did his homework for himself.

   (6) Which of them do you like?

   (7) Which of them drives the car?

   (8) I have two dogs; one is mine and the other is hers.

   (9) I have ten friends; one lives in New York and the others live in Seoul.

   (10) Some are playing baseball and others are playing tennis.

   (11) I have something to tell you.

   (12) I have nothing to give you.

   (13) Would you like some milk?

   (14) Both Tom and Mary are kind to me.

   (15) Each boy has his own desk.

2. 다음 (   ) 안에 알맞은 말을 써 넣으시오.

   (1) How far is (   ) from here to the library?

   (2) (   ) have a lot of rain in July.

   (3) What time is (   ) now?

   (4) She did her homework (   ) herself.

   (5) I have two dogs; (   ) is mine and (   ) (   ) is hers.

3. 다음 (   ) 안에서 알맞은 말을 고르시오.

   (1) There (is, are) some pictures on the wall.

   (2) There (is, are) some water in the pool.

   (3) Do you have (some, any) of these books?

   (4) I don't have (some, any) houses in Seoul.

   (5) Would you like (some, any) coffee?

4. 다음 (　　) 안에 알맞은 말을 써 넣으시오.

(1) One must do (　　　　) best.

(2) Tom and Mary love (　　　　) other.

(3) They love (　　　　) another.

(4) I don't like this book. Please show me (　　　　).

(5) Do you have any money? Yes, I have (　　　　).

5. 다음 (　　) 안의 인칭대명사를 변형하여 밑줄 친 곳에 써 넣으시오.

(1) Whose book is this? It is _____ book. (I)

(2) Whose is this pencil? It is _____. (I)

(3) _____ books are very good. (they)

(4) The nice gloves are _____. (he)

(5) _____ birthday party is a big one. (she)

6. 다음 밑줄 친 곳에 알맞은 말을 써 넣으시오.

(1) I bought a new bag, but I lost _____.

(2) Do you have a book? Yes, I have _____.

(3) My birthday party is a big _____.

(4) If you have any money, lend me _____.

(5) Are there any flowers in the room? No, there are not _____.

7. 다음 문장을 (　　) 안의 지시대로 고치시오.

(1) There are some books on the desk. (부정문)

(2) There are some flowers in the garden. (의문문)

(3) I have some money in my pocket. (부정문)

영어단문 독해연습

24 "But, Annie, no fish can fly high over mountains," I said.

"Only birds can fly like that."

"I know that," she said, "but I also know that fish want to fly over mountains."

"Oh, really? How do you know that?" I asked.

(Notes) no fish:

25 My class went on a picnic to Seoul Grand Park last Saturday. Mike's class went there, too. There were too many people for only one bus, so two buses came to our school. My class got on **one**, and Mike's got on **the other**. The buses began the long trip to the park. They hurried along the highway and we started to sing.

(Notes) get on: one ~ the other ~:

26 At that moment we heard a strange sound in the trees. I thought, "Perhaps it's a bear!" But I wasn't afraid. Mike's teacher said, "It must be a big squirrel. Don't be afraid of **it**." "Here is **one**!" said Mike. I saw **another** on a tree and shouted, "There's **another**." Squirrels ran here and there. They were very quick. **Each** was light brown with two black lines along **its** back. **Some** of them were nine inches long, and all were very pretty.

(Notes) at that moment:

27 Minho's uncle has a son and a daughter. His son is Chanho and his daughter is Suyeon. Chanho is as old as Minho. Suyeon was very shy and did not talk to Minho and Sanghun at first, but soon they all became friends. They have played games together and have talked a lot with **one another**.

(Notes) one another:

28 At noon his uncle comes home for lunch. **All** the family have lunch together. After lunch he goes out to the field again. Minho's uncle and aunt are busy all day. They work hard to keep a good farm. Minho and Sanghun try to be as diligent as Minho's uncle and aunt.

(Notes) as ~ as:

Tomorrow is the day (A) Tom's picnic. (B) the teachers and students are going (C) a picnic tomorrow. Ingyu is a new student of Tom's class.

He is from Korea. Tom and Judy will be kind to him and help him.

Tom and Judy wanted some money. So they asked their mother for some money. They wanted to buy some nice things (D) the picnic. And Tom wanted to buy some soft drinks. Mrs. Brown gave (a) <u>them</u> some money. Judy got a dollar and a quarter, and Tom got a dollar.

On the school ground, they met Ingyu. They were talking about their picnic. But Ingyu wanted to know about American money. So he asked Tom about (b) <u>it</u>.

1. (A)와 (D)에 공통으로 들어갈 수 있는 말은?

   (A) on   (B) for   (C) of   (D) at

2. (B)에 알맞은 말은?

   (A) Some   (B) Any   (C) No   (D) All

3. (C)에 알맞은 말은?

   (A) on   (B) of   (C) to   (D) for

4. 밑줄 친 (a)가 가리키는 것은?

   (A) things   (B) some money   (C) some soft drinks   (D) Tom and Judy

5. 밑줄 친 (b)가 가리키는 것은?

   _____

6. 위 글의 내용과 일치하는 것은?

   (A) 인규는 톰과 함께 하이킹을 갈 예정이다.

   (B) 인규는 한국 소년이다.

   (C) 톰은 인규를 위해 선물을 샀다.

   (D) 제인은 인규에게 미국 돈에 대해 설명했다.

Basic Conversation

John: We have another baseball game within a week.
David: That's good. We have to win this time.

John: Yes, of course. Why didn't you play last time?
David: I was absent from school. I was sick.

John: Are you all right now?
David: Yes, I am.

John: Good. Let's try our best.
David: O.K.

John: By the way, do you have some gloves?
David: Yes, I do.

John: Bring them to the class tomorrow.
David: Yes, I sure will.

Tom: Is your knee all right?
John: Yes, it's all right now. Thanks.

Tom: This is my new glove. Have a look at it.
John: It's very nice.

Tom: I bought it yesterday.
John: By the way, do you have any bats?

Tom: No, I have no bats, but Paul has some.
John: Fine. The game will start any minute now.

영어 회화연습

존: 우리는 1주일 내에 야구 경기가 한 게임 더 있어.
데이비드: 그래, 좋아. 우린 이번에 이겨야 해.

존: 그래, 물론이야. 너 왜 지난번 경기 안했니?
데이비드: 나는 학교에 결석했어. 아팠거든.

존: 지금은 괜찮니?
데이비드: 응, 그래.

존: 좋아. 우리 최선을 다하자.
데이비드: 좋아.

존: 그런데, 너 글러브 좀 있니?
데이비드: 응, 그래.

존: 내일 교실에 글러브 좀 가져올래?
데이비드: 응, 그럴게.

톰: 네 무릎 괜찮니?
존: 응, 이제 괜찮아. 고마워.

톰: 이게 내 새 글러브야. 구경 좀 해 봐.
존: 참 좋구나.

톰: 난 그걸 어제 샀어.
존: 그런데, 너 야구방망이 있니?

톰: 아니, 난 없지만, 폴이 몇 개 가지고 있어.
존: 잘 됐다. 이제 곧 경기가 시작할 거야.

Chapter 06 형용사

1. He is a **good** student.	그는 착한 학생이다.
2. The student is **good**.	그 학생은 착하다.
3. There are **many** students in the classroom.	교실에는 많은 학생들이 있다.
4. There are **a few** students on the playground.	운동장에는 몇 명의 학생들이 있다.
5. He is **taller than** my brother.	그는 나의 남동생보디 기가 더 크다.

1 형용사의 한정적 용법 형용사가 명사의 앞 또는 뒤에서 직접 명사를 수식한다.

• I have a **white** ball.
• I have something **white**.

2 형용사의 서술적 용법 형용사가 주격보어와 목적격보어로 쓰인다.

• She is **beautiful**.
• I find her **beautiful**.

3 many와 much의 용법 many는 수, much는 양을 나타내는 명사 앞에 쓰인다.

• There are **many** books in the library.
• There is **much** water in the pool.

→ a lot of(= lots of)는 수와 양 둘 다에 쓰인다. 단, 의문문과 부정문에는 many와 much만이 쓰인다.
• I have **a lot of** books. ··(긍정문)
• I don't have **many** books. ··(부정문)
• Do you have **many** books? ··(의문문)

4 a few와 a little의 용법 a few는 가산명사, a little는 불가산명사 앞에 쓰인다.

• He has **a few** friends in Seoul.
• He has **a little** water in the glass.

→ few와 little은 '거의 없는'의 뜻으로 부정적 의미를 가지고 있다.
• There are **few** students in the classroom.
• There is **little** water in the pool.

5 형용사의 비교급, 최상급의 변화

1 규칙 변화

① 원급의 어미에 −er, −est를 붙인다. (주로 1음절의 형용사)

tall - tall**er** - tall**est**   old - old**er** - old**est**
wise - wis**er** - wis**est**   large - larg**er** - larg**est**
easy - eas**ier** - eas**iest**   busy - bus**ier** - bus**iest**
big - big**ger** - big**gest**   hot - hot**ter** - hot**test**

② more, most를 형용사 앞에 붙인다. (주로 3음절의 형용사)

beautiful - **more** beautiful - **most** beautiful
diligent - **more** diligent - **most** diligent
famous - **more** famous - **most** famous

2 불규칙 변화

good ⌐
well ⌐ **better** – **best**

bad ⌐
ill ⌐ **worse** – **worst**

many ⌐
much ⌐ **more** – **most**

little – **less** – **least**

6 원급의 비교 as ~ as (원급 비교)

- She is **as** beautiful **as** my sister.
- She is not **so** beautiful **as** my mother.
- He can run **as** fast **as** I.

7 비교급의 용법

1 비교급 + than (우등 비교)

- He is **older than** I.
- She is **more** beautiful **than** my mother.

2 의문사 ~ 비교급, A or B?

- Which do you like **better**, apples or oranges?

8 최상급의 용법

1 the + 최상급 + of(in)

- He is **the oldest of** these boys.

2 의문사 ~ 최상급, A, B or C?

- Which do you like **best**, an apple, an orange or a banana?

1. I met a beautiful lady.

2. The lady is beautiful.

3. I find her beautiful.

4. Did you see anything beautiful?

5. His family lives in a wooden house.

6. His grandmother is still alive.

7. The rich are not always happy.

8. He has a great many books in his room.

9. The teacher got a great deal of presents from her students.

10. She had a lot of friends in Seoul.

11. We have lots of water in the lake.

12. Did you give much money to your son?

13. I can not give you much water.

14. There are a few trees in the garden.

15. There are few flowers in my garden.

16. There is a little milk in the bottle.

17. There is little milk in the bottle.

18. He is strong.

19. He is as strong as I.

20. He is stronger than I.

21. He is the strongest in my class.

22. He is the strongest of these boys.

23. This book is more useful than that one.

24. Which is bigger, this box or that one?

25. Which do you like better, spring or autumn?

26. Which do you like best, spring, summer, autumn or winter?

27. Who can run faster, you or Chanho?

28. He can run much faster than I.

29. America is much larger than Korea.

30. This garden is twice as large as that one.

영작 연습

1. 나는 착한 소년을 만났다.

2. 그 소년은 착하다.

3. 나는 서울에 많은 친구가 있다.

4. 금년에는 많은 비가 왔다.

5. 부자가 반드시 행복한 것은 아니다.

6. 나는 약간의 사과를 가지고 있다.

7. 나는 사과가 거의 없다.

8. 당신은 약간의 우유가 있습니까?

9. 그는 나만큼이나 영리하다.

10. 그는 나보다 더 영리하다.

11. 그는 나만큼 영리하지 못하다.

12. 그녀는 나의 여동생보다 더 아름답다.

13. 그는 나의 반에서 가장 키가 큰 소년이다.

14. 당신은 여름과 겨울 중에서 어느 것을 더 좋아합니까?

15. 당신은 미국과 영국과 프랑스 중에서 어느 나라를 제일 좋아합니까?

1. 다음 영문을 우리말로 옮기시오.

   (1) I like a red rose.

   (2) He has something red.

   (3) I find him honest.

   (4) There are a great many students in our school.

   (5) I have a lot of friends in Seoul.

   (6) I have a few friends in Seoul.

   (7) I have few friends in Seoul.

   (8) She is as beautiful as my mother.

   (9) She is more beautiful than my mother.

   (10) She is the most beautiful in her class.

   (11) Which do you like better, a strawberry or a banana?

   (12) Which do you like best, a strawberry, a banana, or an apple?

   (13) The rabbit can run faster than any other animal.

   (14) China is much larger than Korea.

   (15) This river is three times as long as that one.

2. 다음 (   ) 안에서 알맞은 말을 고르시오.

   (1) We have (many, much) books.

   (2) We have (many, much) snow in December.

   (3) He has (a few, a little) oranges in the basket.

   (4) He has (a few, a little) water in the pool.

   (5) He doesn't have (a lot of, much) milk in the glass.

3. 다음 (   ) 안에서 알맞은 말을 고르시오.

(1) He is (older, elder) than I.

(2) He is my (older, elder) brother.

(3) He is the (older, oldest) boy of his friends.

(4) Tom likes history better (than, to) science.

(5) Jane is (young, younger) than my sister.

(6) Jane is as (young, younger) as my sister.

(7) She is (clever, cleverer) than I.

(8) This book is (more, better) than that one.

(9) This party is (more, much) bigger than that one.

(10) He has (more, much) books than you.

4. 다음 (   ) 안에 알맞은 것을 고르시오.

(1) I can speak English (   ) than my friend.

    (A) good   (B) well   (C) better   (D) best

(2) This flower is (   ) beautiful than that one.

    (A) much   (B) more   (C) best   (D) very

(3) This is the (   ) of the seven cars.

    (A) best   (B) most   (C) good   (D) nice

(4) Which do you like (   ), tea or coffee?

    (A) much   (B) more   (C) best   (D) better

(5) Which do you like (   ), an apple, an orange, or a banana?

    (A) much   (B) more   (C) best   (D) better

5. 다음 (   ) 안에서 알맞은 말을 고르시오.

(1) My father's car is (big, bigger, biggest) than my mother's.

(2) Tom is as (tall, taller, tallest) as Jack.

(3) Tom is the (tall, taller, tallest) of all his friends.

(4) Tom gets up (early, earlier, earliest) than Jack.

(5) Jane can run (fast, faster, fastest) in her class.

영어단문 독해연습

29 Now Edison became an old man, but his will was **as** strong **as** a young man's. "I want to invent **as** useful things **as** I can. I think I'll work all my life," he often said to his family.
In 1914 there was a fire, and Edison's house burned down. He was sad, but he had a strong will. He said, "That's all right. I will make a new start. I am only sixty-seven years old. I'm not an old man." After the fire, indeed, he was able to invent some **more useful** things.

(Notes) as ~ as: will:

30 King Sejong was one of **the greatest** kings in Korean history. He was born in 1397. He became the fourth king of the Joseon Dynasty when he was only twenty-one years old. He was the third son, but he became king because he was **brighter than** his elder brothers.

(Notes) elder brother:

31 At night, when I feel tired and sleepy, I go to my bedroom. Then I turn on the light. I take off my shoes, undress, and put on my pajamas. Then I get into bed, and turn off the light. After **a few** minutes, I fall asleep. I sleep the whole night through. This is my daily life.

(Notes) turn on: put on: turn off:

32 It was Tuesday morning. Ted and Mary were at the bus stop. The school bus was never late. It was always on time. There was a new boy on the bus. He was **taller than** Ted.

(Notes) on time:

33 Mr. and Mrs. Green took their children on a picnic. They also took along their friends, Jack and Tom. They all went to a park in the mountain. The mountain was full of tall trees, and the fields were full of flowers. This park was **more beautiful than** other parks. "Isn't this a beautiful place?" said Tom. "Yes, it is. This is **the most** beautiful park near Water town," said Mrs. Green.

(Notes) take along: be full of:

Minho got up early this morning. It is an exciting morning for him. It is the first day of his second school year, and (a) <u>a lot of</u> new things are going to happen to him today. He is going to study with new textbooks in a new classroom. He is going to have a new homeroom teacher and new classmates. He wants (b) <u>to meet</u> them all.

Minho is wondering about many other things, too. Who is going to teach mathematics? Who is going to be his science teacher? Is Mr. Song going to teach history to them again? (c) <u>Most of all</u>, who is going to sit by him in the classroom?

Minho is going to start for school early today. (d) <u>It</u> is going to be a busy day for him. It is going to be an important day for him, too.

1. 밑줄 친 (a)와 바꾸어 쓸 수 있는 것은?

    (A) a lot   (B) many

    (C) much   (D) a few

2. 밑줄 친 (b)의 to부정사의 용법과 같은 것은?

    (A) He went to meet them all.   (B) I like to study science.

    (C) He is going to meet them.   (D) He wants something to do.

3. 밑줄 친 (c)의 뜻과 같은 것은?

    (A) most   (B) many

    (C) a great deal   (D) above all

4. 밑줄 친 (d)의 용법과 같은 것은?

    (A) It is my model airplane.   (B) What is it?

    (C) How far is it from here to your school?   (D) It is a fine day.

5. 위 글의 내용과 일치하는 것은?

    (A) 민호는 고등학생이다.   (B) 민호의 국사 선생님은 송 선생님이시다.

    (C) 민호는 아침을 일찍 먹었다.   (D) 민호는 새 담임선생님을 보지 못했다.

Chapter 06 형용사

Basic Conversation

Tom: Oh! Look at all the guests! This is a wonderful party.

Insu: Yes, it is. Please help yourself.

Tom: Thank you. I like Korean food.

Insu: Do you? Which food do you like best?

Tom: I like bulgogi best.

Insu: We have some bulgogi here. Please try the other dishes, too.

Tom: Thank you. Did your family prepare all this food?

Insu: Yes, all my family did.

Tom: You must be tired.

Insu: Yes, but we are very happy now.

영어 회화연습

톰: 와! 손님들 봐! 이건 멋진 파티야.

인수: 응, 그래. 많이 먹어.

톰: 고마워. 난 한국 음식이 좋아.

인수: 그러니? 어떤 음식을 가장 좋아하니?

톰: 난 불고기를 가장 좋아해.

인수: 여기 불고기가 좀 있어. 다른 음식들도 좀 먹어봐.

톰: 고마워. 너희 가족이 이 음식을 모두 준비했니?

인수: 그래, 우리 가족 모두가 했어.

톰: 너 피곤하겠다.

인수: 그래, 그렇지만 우리는 지금은 아주 행복해.

Chapter 07 부정사

1. I want **to read** a book.	나는 책 읽기를 원한다.
2. I have a book **to read**.	나는 읽을 책을 가지고 있다.
3. I went to the library **to read** books.	나는 책을 읽기 위하여 도서관에 갔다.
4. I want him **to read** a book.	나는 그가 책 읽기를 원한다.
5. I saw him **read** a book.	나는 그가 책 읽는 것을 보았다.
6. I am **too** old **to climb** the mountain.	나는 너무 늙어서 산에 올라갈 수 없다.

1 명사적 용법   명사적 용법은 부정사가 명사처럼 주어, 목적어, 보어로 쓰인다.

1 주어 (~하는 것은)

- **To teach** English is difficult.
  = **It** is difficult **to teach** English.

2 목적어 (~하는 것을)

- I want **to teach** English.
- I know **how to drive** a car.

3 보어 (~하는 것이다)

- My hope is **to teach** English.
- **To see** is **to believe**.

2 형용사적 용법   형용사적 용법은 부정사가 형용사처럼 명사 뒤에서 명사를 수식한다.

1 명사 뒤에서 수식 (~할, ~하는)

- I have a book **to read**.
- He has a friend **to help** me.
- She has no friend **to play with**.

2 be + to부정사   예정, 의무, 가능, 운명, 의도를 나타낸다.

3 부사적 용법   부사적 용법은 부사처럼 동사, 형용사, 부사를 수식한다.

1 목적 (~하기 위하여, ~하려고)
- We eat **to live**.
- I got up early **to catch** the first bus.

2 원인 (~해서)
- I am glad **to meet** you again.
- She was surprised **to hear** the news.

3 결과 (~해서 결국 ~하다)
- He grew up **to be** a great scientist.
- He studied hard **only to fail**.

4 형용사, 부사 수식 (~하기에)
- This book is easy **to read**.
- English is difficult **to learn**.
- He is old enough **to go** to school.

4 부정사의 의미상의 주어   부정사는 술어동사가 아니므로 문법상의 주어는 가질 수 없지만 의미상 주어는 가질 수 있다.

1 문장의 주어와 일치할 경우
- He wants **to go** there.
- He expects **to succeed**.

2 문장의 목적어와 일치할 경우
- He wants **me to go** there.
- He expects **me to succeed**.

3 <for + 목적어 + to부정사>의 경우
- It is easy **for me to learn** English.
- It is kind **of her to say** so.
- There are many books **for you to read**.
- I stepped aside **for him to pass** by.

➡ 사람의 성격을 나타내는 형용사(kind, foolish, wise, clever, good) 등이 오면 for 대신에 of를 쓴다.

5 원형부정사의 용법   to 없는 부정사를 원형부정사라고 한다.

1 지각동사의 목적보어로 쓰인다.
- I saw him **read** a book.
- I heard her **sing**.

➡ 지각동사: see, hear, watch, feel, smell 등

2 사역동사의 목적보어로 쓰인다.
- I made him **learn** Chinese.
- Let me **know** your name.

➡ 사역동사: make, have, let 등
➡ 준사역동사 help 는 to부정사와 원형부정사 모두를 목적보어로 취한다.
  cf. She helped her mother (to) **cook** lunch.

3 관용적 구문에 쓰인다.
- You had better **go** home now.
- I cannot but **believe** him.

6 부정사의 관용적 표현

1 too ~ to부정사 (= so ~ that ~ cannot) 너무 ~해서 ~할 수 없다
- He is **too** young **to** go to school.
  = He is **so** young **that** he **cannot** go to school.
- This box is **too** heavy **for me to carry**.
  = This box is **so** heavy **that I cannot** carry it.

2 enough ~ to부정사 (=so ~ that ~ can) ~할 만큼 ~하다
- He is rich **enough to buy** an airplane.
  = He is **so** rich **that** he **can** buy an airplane.
- This book is easy **enough for him to understand**.
  = This book is **so** easy **that** he **can** understand it.

3 It takes + 시간 + to부정사
- **It takes** thirty minutes **to go** to school by bus.
- **It took** an hour **for him to go** from here to his house.

7 대부정사와 독립부정사

1 대부정사 Would you like to go with me? Yes, I'd like **to**.
2 독립부정사 **To tell the truth**, he is not a doctor.

Pattern Practice

1. To play the piano well is not easy.

2. I hope to climb the mountain in winter.

3. My hope is to skate well on the ice.

4. It is not easy to play tennis well.

5. It is difficult to understand the problem.

6. It is difficult for him to understand the problem.

7. It is foolish of him to do such a thing.

8. I don't know what to do next.

9. Can you tell me when to start?

10. I know where to live in.

11. I don't know how to make it.

12. I have something to tell you.

13. I have nothing to tell you.

14. Do you have anything to give me?

15. He has no house to live in.

16. They have no bus to take.

17. I have no friend to help me.

18. Do you have any books to read?

19. I went to America to learn music.

20. Tom came to Korea to learn Korean.

21. I got up early to go to school.

22. I got up early not to be late for school.

23. I studied hard not to fail in the examination.

24. I was happy to meet my friend.

25. She was glad to have a good friend.

26. She grew up to be a famous musician.

27. His grandmother lived to be eighty-six.

28. The water is good to drink.

29. This cake smells good to eat.

30. Korean is difficult for Americans to learn.

Pattern Practice

31. I want to go to London.

32. I want him to go to London.

33. He expects to go to college.

34. He expects me to go to college.

35. It is impossible for him to speak English well.

36. It is wise of her to answer the question.

37. There are a lot of books for him to read in the library.

38. This book is difficult for her to read.

39. The stone is too heavy for him to move.

40. I heard her sing a song.

41. I heard her singing a song.

42. I saw him walk to school.

43. I saw him walking to school.

44. He made me carry the bag.

45. He had me take an umbrella with me on the rainy day.

46. Would you let me know your telephone number?

47. He helped her wash the car.

48. He helped me to clean the room.

49. You had better not go out at night.

50. I would rather die.

51. I cannot but laugh at him.

52. He is too weak to work for a long time.

53. He is too old to take a walk without me.

54. She is rich enough to buy a nice car.

55. She is kind enough to show me the way to the station.

56. This book is too difficult for him to read.

57. The stone is too heavy for him to carry.

58. It takes fifteen minutes to go to school by bus.

59. It will take me thirty minutes to walk to the subway station.

60. To be frank with you, he is an honest man.

영작 연습

1. 영어를 배우는 것은 어렵다.

2. 나는 여름에 수영하기를 원한다.

3. 나의 희망은 빙판 위에서 스케이트를 잘 타는 것이다.

4. 그가 그 문제를 이해하는 것은 어렵다.

5. 나는 다음에 무엇을 해야 할지 모른다.

6. 나는 당신에게 말할 것이 있다.

7. 톰은 한국어를 배우기 위해 한국에 왔다.

8. 그녀는 자기 아들을 만나서 행복했다.

9. 그는 자라서 위대한 과학자가 되었다.

10. 이 물은 마시기에 좋다.

11. 나는 런던에 가기를 원한다.

12. 나는 그가 런던에 가기를 원한다.

13. 나는 그가 책읽는 것을 보았다.

14. 나는 그녀가 노래하도록 시켰다.

15. 당신은 지금 집에 가는 것이 좋겠다.

연습문제

1. 다음 영문을 우리말로 옮기시오.

   (1) He wants to take care of his son.

   (2) He wanted me to take care of his son.

   (3) I have something to tell you now.

   (4) To play tennis well is not easy.

   (5) My hope is to play the piano well.

   (6) It is difficult to finish the work in an hour.

   (7) It is impossible for him to understand the problem.

   (8) It is kind of him to say so.

   (9) I don't know what to do next.

   (10) Can you tell me how to make it?

   (11) He has no friend to play with.

   (12) He has a friend to help him.

   (13) Miss Brown came to Korea to learn Korean.

   (14) She was surprised to hear the bad news.

   (15) She grew up to be a great musician.

   (16) English is difficult to learn.

   (17) He is too old to go out by himself.

   (18) The book is too difficult for him to read.

   (19) He is rich enough to buy an airplane.

   (20) It takes twenty minutes to go to school by bus.

2. 다음 밑줄 친 곳에 알맞은 말을 고르시오.

   (1) I want him _____ science.

   (A) to study   (B) studying   (C) study   (D) studied

   (2) I saw him _____ baseball on the playground.

   (A) to play   (B) playing   (C) played   (D) plaied

   (3) I want _____ English at school.

   (A) to learn   (B) learning   (C) learn   (D)learned

80

(4) She enjoyed _____ to pop music.

(A) to listen   (B) listening   (C) listen   (D) listened

(5) I have a picture _____ you now.

(A) to show   (B) showing   (C) show   (D) showed

(6) The best way _____ English well is to go to America.

(A) to speak   (B) speaking   (C) speak   (D) spoke

(7) The boy _____ the piano is my brother.

(A) to play   (B) playing   (C) play   (D) played

(8) I made him _____ home right now.

(A) to go   (B) going   (C) go   (D) went

3. 다음 밑줄 친 부분의 용법과 같은 것을 고르시오.

(1) Do you want to leave Seoul now?

(A) I don't know what to do.   (B) He went to Italy to study more.

(C) I have a book to read.   (D) I was glad to see you.

(2) It is difficult for you to learn French.

(A) It is time to go to school.   (B) I hope to meet her.

(C) He grew up to be a poet.   (D) I have no money to give you.

(3) He has no friend to help him.

(A) The water is good to drink.   (B) He is too old to go alone.

(C) He was surprised to hear it.   (D) I have a house to live in.

4. 다음 두 문장의 뜻이 같아지도록 (   ) 안에 알맞은 말을 써 넣으시오.

(1) He is too old to go out by himself at night.

He is (   ) old (   ) he (   ) go out by himself at night.

(2) She is kind enough to tell me the way to the station.

She is (   ) kind (   ) she (   ) tell me the way to the station.

(3) The book is too difficult for him to read.

The book is (   ) difficult (   ) he (   ) read it.

(4) To teach English is not easy.

(   ) is not easy to teach English.

(5) I don't know what to do.

I don't know what (   ) (   ) do.

5. 다음 (   ) 안에서 알맞은 말을 고르시오.

(1) He wants (we, our, us) to meet her at the station.

(2) I asked him (go, going, to go) there with me.

(3) I am (so, too, very) busy to help him now.

(4) Can you tell me (how, what, why) to play the piano?

(5) This is the book (for, of) him to read.

6. 다음 문장의 뜻에 맞도록 (   ) 안의 낱말의 어순을 맞추시오.

(1) 우리는 컴퓨터 사용 방법을 몰랐다. (we/thc/know/didıı't/to/how/computer/use)

We _____.

(2) 그는 카메라 사기를 원한다. (buy/camera/wants/to/a)

He _____.

(3) 그는 아버지가 자동차를 사 주기를 원한다. (father/his/car/a/buy/to/wants)

He _____.

(4) 그녀는 너무 나이가 많아서 혼자 외출할 수 없다. (too/old/go out/to/is/alone)

She _____.

(5) 이 책은 읽기에 너무 어렵다. (book/too/difficult/read/to/is)

This _____.

영어단문 독해연습

34 Mr. Kim was going to Japan **to study** its language. Mr. Kim boarded the airplane at Incheon International Airport. At first he wanted **to go** to Japan by ship. But Mr. Brown told him **to go** by plane.

(Notes) board:

35 In the plane Mr. Kim had to use the seat belt. The stewardess asked him **to use** the seat belt. The stewardess wanted everyone on the plane **to be** safe. She didn't want anything **to happen** to anyone. Also she gave a pillow to each one on the plane. She wanted everyone **to have** a pleasant trip.

(Notes) happen to:

36 Once there were two young soldiers in the German army. They were Frenchmen and did not speak German well. One day the German king came **to visit** the army. Before the king arrived, an officer talked to the young soldiers.

(Notes) soldier: army:

37 Soon the boy was bored. "This is a lonely job," he thought. "I will yell 'wolf' and my father and friends will come."
The little boy yelled. "Wolf!" His father and many other people came **to help** him, but there was no wolf. "Where is the wolf?" they asked.

(Notes) bored: lonely:

38 "There is no wolf. I was just bored," the boy said. All the people were angry. His father told him. "Don't do that again."
Everyone left, and soon the little boy was bored again. He yelled "wolf" again, and all the people came again. This time they were very angry. Soon they went back to their houses.

(Notes) angry:

39 After an hour or so the little boy heard a strange sound. Then he saw a wolf **come** near the sheep. He yelled, "Wolf!" But no one came. Then he ran to his house **to tell** his father about the wolf.

(Notes) an hour or so:

40 A month later the old man called each son and said, "I'm going to send your brothers away. I don't want you **to live** with your brothers any more when you don't like them."

(Notes) any more:

41 On the way back he came to the big river again. He looked for a boat. There was only a small one on the river. It was much **too** small **to take** him and all the animals over to the other side at one time. It was just big **enough to take** him and only one of the animals at a time.

(Notes) on the way back: at a time:

42 After lunch Tom and I learned **how to play** a Korean game. It is an interesting game. They call the game "yut." A middle school student showed us **how to play** it. He couldn't speak English very well, but we could understand him when he talked about the rules. There are still many things **for us to see** and **learn** in this country.

(Notes) rule: still:

43 **To make** noises some fish use their teeth. Others use their bones. Still others use the air bag in their bodies. Why do fish make such sounds? Very little is known about this. Some scientists think that fish use these noises **to speak** to one another. Most people think that they have no meaning.

(Notes) make a noise: one another:

44 They began **to sing** the birthday song. Aunt Susan began **to play** the piano in the living room. Soon, Mrs. Brown came in and said, "Now, dinner is ready. Let's go to the dining room." Everybody began **to enjoy** the delicious meal!

(Notes) delicious:

45 New methods and new machines make farming easy in many countries like the United States. Farms don't need so many people **to work** on them.

(Notes) farming:

Minho is a middle school student in Incheon. He will go to a vocational high school when he finishes middle school. Many of his friends want (a) <u>to go</u> to a vocational high school, too. Minho (b) <u>likes</u> to help his father on the restaurant because he likes cooking. He wants to be a good chef. But his friends do not want to study cooking. They (c) <u>are going to</u> study other courses.

One of them wants to be a baker. He is going to study baking in a vocational high school. Other boys are going to study house-building or electric engineering.

Minho and his friends will need to study many things (d) <u>to be</u> good workers in the future. They will be very busy in vocational high schools.

1. 밑줄 친 (a)의 용법과 같은 것은?

   (A) I want to go to school <u>to study.</u>

   (B) I don't know <u>what to do.</u>

   (C) I went to the library <u>to read</u> books.

   (D) He was surprised <u>to hear</u> the news.

2. 밑줄 친 (b)의 목적어를 쓰시오.

   _____

3. 밑줄 친 (c)와 바꾸어 쓸 수 있는 것은?

   (A) will   (B) may   (C) must   (D) can

4. 밑줄 친 (d)의 용법과 같은 것은?

   (A) He has a lot of things <u>to enjoy.</u>

   (B) He was glad <u>to meet</u> her.

   (C) He studied hard <u>to be</u> a great scientist.

   (D) He grew up <u>to be</u> a great scientist.

5. 위 글의 내용과 일치하는 것은?

   (A) 사람은 제 분수를 알아야 한다.   (B) 어떤 분야이든지 전문인이 되기 위해 노력해야 한다.

   (C) 누구나 직업학교에 가는 것이 좋다.   (D) 직업에는 귀천이 없다.

Basic Conversation

Minho: I'll have summer vacation very soon.

Father: When does it start?

Minho: It starts next week.

Father: How long is it?

Minho: Five weeks, until the twenty-sixth of August.

Father: What are you planning to do during the vacation?

Minho: First, I want to visit Uncle's farm.

Then I'll go to Busan and see Grandfather and Grandmother.

Father: That's a good idea, Minho.

Mother: What are you going to do at Uncle's?

Minho: I'll play with my cousins and do some homework.

Mother: Homework?

Minho: I must draw some pictures for school.

I need some pictures of animals.

Father: How long do you want to stay there?

Minho: For about two weeks, Father.

Father: That'll be fine.

Minho: Shall I call Uncle on the phone?

Mother: Of course. You should call him at once.

Minho: I'll call him right away.

영어 회화연습

민호: 곧 여름 방학이에요.
아버지: 언제 시작되지?

민호: 다음 주에 시작해요.
아버지: 얼마나 오랫동안?

민호: 8월 26일까지 5주간이에요.
아버지: 너는 방학 동안에 무엇을 할 계획이니?

민호: 먼저, 저는 삼촌의 농장에 방문하고 싶어요.
　　　그러고 나서, 부산에 가서 할아버지와 할머니를 만나 뵙겠어요.
아버지: 좋은 생각이다, 민호야.

어머니: 삼촌댁에서 뭘 할 거니?
민호: 사촌들과 놀고 숙제도 좀 하겠어요.

어머니: 숙제?
민호: 학교에 낼 그림을 좀 그려야 해요.
　　　동물 그림이 좀 필요해요.

아버지: 거기에 얼마 동안 머물고 싶니?
민호: 두 주 정도요, 아버지.

아버지: 그거 좋겠구나.
민호: 삼촌께 전화드릴까요?

어머니: 물론. 당장 삼촌께 전화드리거라.
민호: 즉시 전화드릴게요.

Chapter

08 동명사, 현재분사

1. **Writing** a letter in English is not easy.	영어로 편지를 쓰는 것은 쉽지 않다.
2. I enjoyed **swimming** in the sea last summer.	나는 작년 여름에 바다에서 수영을 즐겼다.
3. I am fond of **skating** in winter.	나는 겨울에 스케이트 타기를 좋아한다.
4. My hope is **becoming** a scientist.	나의 희망은 과학자가 되는 것이다.
5. I know a baby **sleeping** in the room.	나는 방에서 자고 있는 아기를 안다.
6. The baby is **sleeping** in the room.	그 아기는 방에서 자고 있다.
7. I saw him **reading** a newspaper.	나는 그가 신문을 읽고 있는 것을 보았다.
8. He went **fishing** on Sunday.	그는 일요일에 낚시하러 갔다.
9. He is **coming** soon.	그는 곧 올 것이다.

1 동명사   동명사는 명사 역할을 하여 주어, 목적어, 보어로 쓰인다. 또 동사의 성질을 가지고 있어서 뒤에 목적어나 수식어를 동반할 수 있다.

1 주어 (~하는 것은)
- **Teaching** English is difficult.
- **Learning** how to drive is not easy.

2 목적어 (~하는 것을)
- I finished **doing** my homework. (동사의 목적어)
- He is good at **speaking** English. (전치사의 목적어)

3 보어 (~하는 것이다)
- My hobby is **reading** a book.
- Seeing is **believing**.

2 현재분사   현재분사는 형용사 역할을 하여 명사의 앞 또는 명사의 뒤에서 명사를 수식하며, be동사와 함께 진행 시제를 만들고, 주격보어와 목적격보어로 쓰인다.

1 명사 앞에서 수식 (현재분사가 단독으로 쓰일 때)
- Look at the **crying** baby.
- I love a **sleeping** baby.

2 명사 뒤에서 수식 (현재분사가 다른 낱말과 같이 쓰일 때)

- Look at the baby **crying** in the room.
- I love a baby **sleeping** in the cradle.

3 be + 현재분사 (진행 시제)

- He **is writing** a letter.
- I **was reading** a newspaper.

3 〈지각동사 + 목적어 + 현재분사〉 지각동사의 목적어 뒤에서 목적격보어로 쓰여 목적어의 진행을 나타낸다.

→ 지각동사: see, hear, watch, look at, listen to 등

- I **watched** him **running** away.
- I **heard** her **singing** a song.

4 〈go + 현재분사〉 ~하러 가다

- I **go shopping** in the evening.
- He **goes camping** with his friends in summer.

5 왕래발착동사 go, come, start, leave, arrive 등이 미래 부사와 같이 쓰여서 현재진행형이 가까운 미래를 나타낸다.

- He is **leaving** tomorrow.

동명사와 현재분사를 만드는 방법 (동사원형+ing)

TIP

❶ 대부분의 동사는 〈동사원형+ing〉이다.
go → go**ing**   play → play**ing**   read → read**ing**

❷ 〈자음+e〉로 끝나는 동사는 'e'를 없애고 ing를 붙인다.
come → com**ing**   move →mov**ing**   write → writ**ing**

❸ 〈단모음+단자음〉으로 끝나는 동사는 자음을 하나 더 겹치고 ing를 붙인다.
run → run**ning**   sit → sit**ting**   swim → swim**ming**

Pattern Practice

1. Reading many books is good for you.

2. Watching TV for a long time is not good for your health.

3. He stopped playing games.

4. He gave up climbing the mountain.

5. Would you mind opening the window?

6. She enjoyed listening to pop music.

7. She is afraid of going out at night.

8. My dream is becoming a great pianist.

9. My hobby is drawing animals.

10. I don't like a crying baby.

11. I like the boy doing his best.

12. He studies English.

13. He is studying English now.

14. He was studying English yesterday.

15. Does he write a letter?

16. Is he writing a letter?

17. What do you do?

18. What are you doing here?

19. Where did he play baseball?

20. Where was he playing baseball?

21. I saw him running over there.

22. I heard her singing a song.

23. She is not washing the clothes.

24. She was not cleaning the room.

25. He went camping with his friends.

26. I want to go shopping with my mother.

27. I went skating to my uncle's village.

28. He is arriving soon.

29. My teacher is coming soon.

30. When is he leaving for America?

영작 연습

1. 영어로 편지를 쓰는 것은 쉽지 않다.

2. 나는 수영을 즐겼다.

3. 그녀는 밤에 밖으로 나가는 것이 무서웠다.

4. 나의 꿈은 과학자가 되는 것이다.

5. 나는 방에서 자고 있는 소년을 안다.

6. 너는 강에서 수영하고 있는 소년을 아느냐?

7. 나는 책을 읽는다.

8. 나는 책을 읽고 있다.

9. 나는 책을 읽고 있었다.

10. 너는 편지를 쓰느냐?

11. 너는 편지를 쓰고 있느냐?

12. 나는 그가 책을 읽고 있는 것을 보았다.

13. 나는 그녀가 노래부르고 있는 것을 들었다.

14. 그는 곧 서울을 떠날 것이다.

15. 그는 지금 점심을 먹고 있다.

1. 다음 영문을 우리말로 옮기시오.

   (1) Skating well is not easy.

   (2) I want to go swimming to Jamsil Swimming Pool.

   (3) My hope is becoming a good teacher.

   (4) Where are you going now?

   (5) He and his dog are running over there.

   (6) He is coming soon.

   (7) He is going to take a trip in America.

   (8) I saw him playing tennis.

   (9) I'd like to go fishing with you this summer.

   (10) There are a few students reading books in the library.

   (11) I know a sleeping boy.

   (12) When is your friend leaving Seoul?

   (13) What do you do here?

   (14) What are you doing here?

   (15) Where are you going to stay for a week?

2. 다음 (   ) 안에서 알맞은 말을 고르시오.

   (1) I want (reading, to read) a book.

   (2) He finished (reading, to read) a book.

   (3) I am fond of (playing, to play) baseball.

   (4) He gave up (learning, to learn) Russian.

   (5) I saw him (writing, to write) a letter.

3. 다음 문장에서 밑줄 친 부분의 용법이 다른 하나는?

   (A) I know a <u>sleeping</u> boy.   (B) I heard her <u>singing</u> a song.

   (C) He was <u>writing</u> a letter.   (D) My hope was <u>writing</u> a poem.

4. 다음 보기의 밑줄 친 부분과 용법이 같은 것은?

<보기> She was <u>playing</u> the piano.

(A) <u>Playing</u> the violin is interesting.

(B) I saw Mary <u>playing</u> the piano on the stage.

(C) Tom likes <u>playing</u> baseball.

(D) We enjoyed <u>playing</u> baseball after school.

5. 다음 밑줄 친 곳에 (   ) 안의 동사를 알맞은 꼴로 써 넣으시오.

(1) He is _____ to school with his classmate. (run)

(2) He is _____ soon. (come)

(3) Tom is _____ English now. (study)

(4) Jane was _____ French. (speak)

6. 다음 문장을 (   ) 안의 지시대로 고치시오.

(1) She writes a letter to her father. _____ (현재진행형)

(2) He studied history and science. _____ (과거진행형)

(3) Do you have lunch? _____ (현재진행형)

(4) What do you do here? _____ (현재진행형)

(5) What did he do there? _____ (과거진행형)

(6) Did your brother read the story? _____ (과거진행형)

7. 다음 문장을 비교해서 우리말로 옮기시오.

(1) He is going to the National Museum.

He is going to visit the National Art Center.

(2) He stopped playing the piano.

He stopped to play the piano.

46 After **graduating** from high school most of them will go to college.

Minho's sister loves **sewing**. Minho told her to choose a fashion design as a major in college. Students can learn about **making** and **designing** clothes there. Many other students who are interested in fashion also think that **going** to a college as a fashion design major is a good idea.

(Notes) a college:

47 Yesterday I **was reading** in my room. I heard my mother **singing** in the kitchen. I went into the kitchen and saw her **making** dinner. When she cooks she always sings. I sat and watched her **cooking** dinner.

First I saw her **putting** salt and pepper in the soup. Then I saw her **washing** rice. When she finished, she went outside to have a walk.

(Notes) go outside:

48 It was late October. The most beautiful part of the autumn was over. Leaves of different colors **were falling** from the trees.

One morning Chanho was awakened by familiar smell. It was the pleasant smell of **burning** leaves. He got out of bed and went outside. He followed the smell.

(Notes) be awakened by:

49 Tom gave the letter to Mrs. Brown. She opened the letter and read it.

"It's from Daddy. He **is** not **coming** by train. He **is coming** by plane," said Mrs. Brown. Mr. Brown often traveled by train. **Traveling** by train was always hard for him. This time he **was coming** home by plane.

(Notes) by train: by plane:

50 Mr. Han arrived in New York. People **living** in New York called the city "big town." Mr. Han saw the "big town," and it made him happy.

Today Mr. Han wanted to visit the Browns. They live in Watertown. Watertown is east of New York. He could go there either by bus or by train. He wanted to go by train.

(Notes) the Browns: either ~ or ~:

영어장문 독해연습

It was raining in the morning, but before noon the rain stopped. It became clear and bright. I took my books and notebooks with me to the (a) <u>reading</u> room. Someone came to me and said, " (b) <u>What are you doing here,</u> Mike?" I looked back. It was Paul.

"I'm reading, Paul," I answered.

"We're having a baseball game against Bill's class this afternoon. Don't you remember?" he asked me.

"Oh, I forgot," I said.

"It'll start soon. Perhaps (c) <u>it</u> started already," he said.

"Let's go out to the playground," I said. I put my books and notebooks on the desk and stood up.

1. 밑줄 친 (a)의 용법과 같은 것은?

   (A) I am <u>reading</u> a book.   (B) I enjoyed <u>reading</u> a book.

   (C) I know a boy <u>reading</u> a book.   (D) I saw him <u>reading</u> a book.

2. 밑줄 친 (b)를 현재 시제로 바꾸면?

   (A) What are you do here?   (B) What are you going to do here?

   (C) What do you do here?   (D) What do you doing here?

3. 밑줄 친 (c)가 가리키는 것은?

4. 다음에서 it의 용법이 다른 하나는?

   (A) It was raining in the morning.   (B) It was Paul.

   (C) It will start soon.   (D) Perhaps it started already.

5. 위 글의 내용과 일치하는 것은?

   (A) 하루 종일 날씨가 흐렸다.   (B) 폴이 마이크에게 야구 경기를 보러가자고 말했다.

   (C) 빌의 팀이 이겼다.   (D) 운동장에는 빌이 벌써 와 있었다.

Basic Conversation

Mom: What are you doing here?

Chanho: I'm reading a book.

Mom: Did you do your homework?

Chanho: Yes, I did already.

Mom: What is the book about?

Chanho: It's about making things.

Mom: What are you going to make?

Chanho: I have a plan to make a model airplane.

Mom: Isn't it difficult for you to make?

Chanho: Yes, a little. My hobby is making things.

Mom: How long does it take to finish making?

Chanho: It takes about a few days.

Mom: That's good. You will be a good engineer.

Chanho: Thank you, Mom.

Chapter 08 동명사, 현재분사

엄마: 너 여기서 뭐하고 있니?
찬호: 책을 읽고 있어요.

엄마: 너 숙제 했니?
찬호: 예, 벌써 했어요.

엄마: 무엇에 대한 책이니?
찬호: 공작에 대한 책이에요.

엄마: 무엇을 만들려고 하는데?
찬호: 모형 비행기를 만들 계획이에요.

엄마: 네가 만들기에 어렵지 않니?
찬호: 예, 조금은요. 제 취미는 공작이에요.

엄마: 그것을 다 만드는 데 얼마나 걸리지?
찬호: 며칠 걸릴 거예요.

엄마: 훌륭하구나. 너는 훌륭한 기술자가 될 거야.
찬호: 고마워요, 엄마.

Chapter 09

직독직해

영어 공부의 궁극적인 목적은 영문 독해에 있다. 최근에 입시 경향도 독해에 많이 치중되고 있는 것이 현실이다. 사회에 진출해서도 실제로 독해력이 많이 요구되고 있다. 독해가 되어야 문제를 풀어나갈 수 있는 경우가 대부분이다.

그래서 많은 학생들이 영문 독해 때문에 무척 고생을 하고 있다. 영문 독해가 잘 안 되는 이유는 너무 문법에 치중을 하고, 영문을 우리말 어순에 맞추어 해석하려고 하기 때문이다.

독해력을 향상시키기 위해서는 영문을 읽어내려가면서 영어의 어순대로 그 뜻을 이해하면 된다. 이러한 영문 독해력을 터득, 활용하기 위해서는 쉬운 영문부터 시작해서 서서히 어려운 영문으로 발전시켜 나가야 한다.

본 『중학영어 기초가 정답이다』는 중학교 2학년 수준의 영어 문장으로 직독직해를 시도해보았다. 문장을 끊어 읽는 방법을 설명하였고, 영어의 어순대로 해석해나가도록 장문을 실었다.

본 교재를 통해 학습자분들의 영문 독해력이 향상되기를 바란다.

1. 주어+동사

1. I go / to school.	나는 간다 / 학교에.
2. I go / to school / at seven in the morning.	나는 간다 / 학교에 / 아침 7시에.
3. He was / at home / yesterday.	그는 있었다 / 집에 / 어제.
4. There is / a book / on the desk.	있다 / 책이 / 책상 위에.
5. There is a man / waiting for you.	사람이 있다 / 너를 기다리고 있는.
6. There was a piano / in the living room.	피아노가 있었다 / 거실에.
7. I went / to the mountain / with my friends.	나는 갔다 / 산에 / 친구와 같이.
8. I came here / to learn English / last year.	나는 여기에 왔다 / 영어를 배우려고 / 작년에.
9. I was glad / to meet my friend again.	나는 기뻤다 / 친구를 다시 만나서.
10. The buildings in Seoul / rise up high day by day.	서울의 빌딩들은 / 나날이 높이 솟아오른다.

1 대부분의 경우 주어와 동사 다음에 끊는다.

2 주부에 수식어가 붙어 있으면 주부와 동사 사이를 끊어 읽는다.

3 수식어(부사구) 앞에서 끊어 읽는다.

※ 다음 문장을 끊어 읽으시오.

1. He goes to school by bus every morning.

2. There lives an old man in a small town.

3. The book on the desk is mine.

4. He went to America to study music.

5. She was at home all day.

2. 주어 + 동사 + 보어

1. She is happy / all the time.	그녀는 행복하다 / 항상.
2. He looks happy / this morning.	그는 행복해보인다 / 오늘 아침에.
3. The leaves turn red and yellow / in autumn.	나뭇잎들이 붉게, 노랗게 변한다 / 가을에.
4. It is impossible / to go out alone / at night.	불가능하다 / 홀로 밖으로 나가는 것이 / 밤에.
5. It is difficult / for him to finish the work / within a week.	어렵다 / 그가 그 일을 마치는 것은 / 1주일 내에.

1 〈주어 + 동사 + 보어〉의 문장은 보어가 나온 다음에 끊어 읽는다.

2 보어가 부정사나 분사로 되어 있을 때는 동사 다음에 끊어 읽는다.

3 〈It(가주어) ~ to + 동사(진주어)〉의 문장에서는 진주어 앞에서 끊어 읽는다.

※ 다음 문장을 끊어 읽으시오.

1. He was out last night.

2. She was surprised to hear the news.

3. He was very glad when he met his son.

4. He seems to be very happy this afternoon.

5. The cake on the table smells good today.

6. I feel much happier since I married her.

7. She became his wife last year.

8. Her mother looks sad because she lost her handbag.

9. It is not easy to learn Russian.

10. It is important for her to take care of her mother.

11. It is kind of her to say so.

12. There are some apples in the basket.

13. Korea is famous for its scenery.

14. He grew angry when I told a lie

15. The children are asleep in the room.

3. 주어 + 동사 + 목적어

1. I have / many books / in my room.	나는 갖고 있다 / 많은 책을 / 내 방에.
2. She enjoyed the film / yesterday.	그녀는 영화를 즐겼다 / 어제.
3. I want / to climb the mountain / this year.	나는 원한다 / 산에 올라가기를 / 금년에.
4. He finished / doing his homework.	그는 마쳤다 / 숙제하기를.
5. My mother bought / some apples / at the store.	어머니는 사셨다 / 약간의 사과를 / 가게에서.
6. You must finish the work / by tomorrow.	당신은 그 일을 마쳐야 한다 / 내일까지.
7. He must take care of / the baby / from now.	그는 돌보아야 한다 / 아기를 / 지금부터.

1 동사와 목적어 사이에서 끊어 읽는다.

1 동사와 목적어 사이에서 끊어 읽는다.

2 목적어 뒤에서 끊어 읽어도 된다.

3 to부정사가 목적어로 쓰이면 부정사 앞에서 끊어 읽는다.

4 동명사가 목적어로 쓰이면 동명사 앞에서 끊어 읽는다.

5 타동사구(자동사 + 전치사, 부사)가 쓰이면 전치사나 부사 다음에서 끊어 읽는다.

※ 다음 문장을 끊어 읽으시오.

1. He will not lend money to anyone.

2. She made a dress for her daughter.

3. My uncle and aunt worked very hard in the fields.

4. She wants to listen to pop music.

5. He enjoyed playing baseball after school.

6. She is fond of going swimming in summer.

7. Please look at all the students.

8. I cannot understand what you said.

9. He gave some books to me.

10. I wanted not to be late for school.

Chapter 09 직독직해

4. 주어 + 동사 + 목적어 + 목적보어

1. I call / him Tom.	나는 부른다 / 그를 톰이라고.
2. She wants / me to believe her.	그녀는 원한다 / 내가 자기를 믿기를.
3. I saw / him go out / at night.	나는 보았다 / 그가 밖으로 나가는 것을 / 밤에.
4. I saw / him running / over there.	나는 보았다 / 그가 달리고 있는 것을 / 저기서.
5. She gave me / a book.	그녀는 나에게 주었다 / 책을.

1 5형식에서 동사와 목적어 사이에서 끊어 읽는다.

2 5형식에서 목적보어가 to부정사인 경우 목적어 앞에서 끊어 읽는다.

3 5형식에서 목적보어가 원형부정사인 경우 목적어 앞에서 끊어 읽는다.

4 5형식에서 목적보어가 분사인 경우 목적어 앞에서 끊어 읽는다.

5 4형식에서 간접목적어 뒤에서 끊어 읽는다.

※ 다음 문장을 끊어 읽으시오.

1. Tom painted the fence white.

2. The sun keeps us warm.

3. He wanted me to go abroad after graduation.

4. He heard me sing a song.

5. He heard me singing a song in the concert.

6. Can you smell something burning?

7. He showed me the way to the station.

8. My mother cooked us a good dinner.

9. I wanted you not to be late for school.

10. Where do you want me to stay?

11. What will you have me do?

12. Shall I help you carry the box upstairs?

One day / a mouse went out / to find something to eat. // He ran carelessly / through some tall grass. // He ran into / a fierce lion. // The lion caught the mouse. // He held him / tightly / and would not let him go. //

"Please let me go, Mr. Lion," / said the mouse. // "One day / I will help you." //

The lion laughed. // "How could a little mouse / help a big lion?" / he thought. // "Very well," / he said. // "I will let you go. // But you must walk more carefully." //

The mouse was very grateful. // "Thank you," / he said. // "You are very kind." //

The next week / the mouse was again looking for / something to eat. // He saw the lion / under a tree. // He was tied tightly / in a net / of strong ropes. // He could not move. //

"I will help you," / said the mouse. //

He bit through / one of the ropes. // His teeth were sharp. // Then / he bit through / another rope, / and then another. // Soon / the lion was free. // He was very pleased. //

"Thank you," / he said. // "Thank you very much." //

(Notes) carelessly: grateful: bite through:

위 글을 읽고 다음 질문에 우리말로 답하시오.

1. 어느 날 쥐는 무엇을 찾으려고 나왔는가?

_____

2. 쥐는 사자에게 놓아달라고 빌면서 무슨 약속을 했는가?

_____

3. 어느 날 다시 사자를 만났을 때 사자는 어떤 상태였나?

_____

4. 이 글이 주는 교훈은 무엇인가?

_____

Once / there were two young soldiers / in the German army. // They were Frenchmen / and did not speak German well. // One day / the German King came / to visit the army. // Before the king arrived, / an officer talked / to the young soldiers. //

"The king will come soon / to meet both of you. // He may ask you / these questions: / How old are you? // How many years have you been / in the army? // Are you happy here?" //

"How should we answer?" / asked the young soldiers. // The officer gave them / the answers / in German. //

"Twenty-one. / One. / Yes, both of us are. // You should remember / these words to talk / to the king," / the officer said. //

Soon the king came. // "Where are the two young French soldiers?" / asked the king. // The officer said / that they were in the room. // "Let's go / to meet them," / said the king. //

The king and the officer went / into the room. // The king went / to the soldiers / to ask them / the three questions. // But he asked the second question / first. //

"How many years have you been / in the army?" / asked the king. //

"Twenty-one," / said the young men. //

"How old are you then?" //

"One," / they said. //

"What are you talking about? / Are you crazy?" //

"Yes, both of us are," / said the young men. //

(Notes) soldier: army: officer: remember:

위 글을 읽고 다음 질문에 우리말로 답하시오.

1. 두 젊은 프랑스인들의 나이는?

_____

2. 두 젊은 프랑스인들은 독일 군대에서 얼마나 근무했나?

_____

3. 왕이 와서 두 젊은 프랑스인들에게 몇 가지의 질문을 했나?

_____

4. 두 젊은 프랑스인들은 왕의 질문에 왜 틀렸나?

_____

직독직해 연습3

My little brother is only four years old, / but he is very bright child. // He asks many questions / and does many interesting things. //

He can draw very nice pictures / with pencils or crayons. // He draws / horses, houses, boats and airplanes. // He sometimes plays / with mud. // He makes apples and animals / with it. // He shows them / to me, / to our parents and to his friends. //

He does things very well / and learns things very quickly. // He always asks, / "What is that?" / or "Who is he?" // He also asks, / "Why?" // He asks, / "Why are you unhappy?" // Sometimes / his questions are very difficult / and I can't answer them. //

Once he asked me, / "Why do people fight?" // I said, / "Because they don't like each other." // He couldn't understand my answer / because he likes everyone. // That is important. //

I am happy / because he draws good pictures, / makes interesting things / and asks a lot of questions. // He is going to learn well. //

Someday / he is going to know many things / because he asked "who" and "what." // And someday / he is going to understand many things / because he asked "why." //

(Notes) sometimes: someday: draw:

위 글을 읽고 다음 질문에 우리말로 답하시오.

1. 나의 남동생은 사람들이 서로 싸우는 이유를 이해할 수 없다. 그 이유는?

   _____

2. 나의 남동생은 진흙으로 무엇을 만들었는가?

   _____

3. 나의 남동생이 늘 질문한 것은 무엇인가?

   ① _____

   ② _____

   ③ _____

4. 내가 동생 때문에 행복한 이유는?

   ① _____

   ② _____

   ③ _____

There lives an old Korean man / in Hilo, Hawaii. // He is eighty-eight years old. // He has been there / since 1904. // He is still living there / today. //

Every day / he gets up early / in the morning, / and raises the Korean flag / in front of his house. // He looks at the flag / very often. //

He looks at it / from his office, / from his farm / and from the ocean. // At night / he keeps it / in his room. //

Once on a cloudy day / one of his workers said to him, / "Sir, it's going to rain. // I will take down the flag / for you." //

"Thank you, / but that is my job. // I will take down the flag," / the old man said. // A heavy rain began / in a few minutes. // The old man went out / and took down the flag. // He held the flag / in his arms / and smiled at his worker. // He said, / "The flag didn't fly / in Korea / for thirty-six years, / from 1910 until 1945. // But it flew here in Hilo / every day / during those years." // Many Koreans have looked at / the old man's flag. // They will look at it / in the future, too. // They will talk to him / about it. // They will hear stories / about Korea and its flag / from the old man. //

(Notes) in front of: take down: in the future:

위 글을 읽고 다음 질문에 영어로 답하시오.

1. Who raises the Korean flag?

   _____

2. Where does the old Korean raise the Korean flag?

   _____

3. How long didn't the Korean flag fly in Korea?

   _____

4. Where does the old Korean man live today?

   _____

Old Mrs. Green was looking / out of the front window. // There was a boy / on the other side of the street. // The boy took some bread / out of his bag. // He began eating it. //

There was a poor dog / in the street, too. // The boy said to the dog, / "Come here, good dog. // You are hungry, aren't you? // Do you want a piece of bread?" // The dog was hungry / and went to the boy, / but he did not give it / anything. // He kicked the dog hard. // It cried / and ran away. //

Then / Mrs. Green came / out of her house / and said to the boy, / "Do you want a dollar?" // The boy was so happy / that he went to Mrs. Green at once, / but Mrs. Green did not give him a dollar. // She hit him / with her hand. // The boy cried and said, / "Why did you hit me? // I didn't ask you / to give me any money." //

"No." Mrs. Green said, / "And the dog didn't ask you / for any bread, / either."//

(Notes) a piece of: run away: at once:

위 글을 읽고 다음 질문에 답하시오.

1. Where was the dog?

    (A) It was in Mrs. Green's house.   (B) It was in the street.

    (C) It was in front of the house.   (D) It was with the boy.

2. Why didn't the boy give a piece of bread to the dog?

    (A) Because he was hungry.   (B) Because he didn't like the dog.

    (C) Because the dog was hungry.   (D) Because he was not a good boy.

3. Why didn't Mrs. Green give the boy a dollar?

    (A) Because she didn't like him.

    (B) Because he was not her child.

    (C) Because he didn't give the dog anything.

    (D) Because she liked the dog better than the boy.

4. What is the main idea? (우리말로)

    _____

Dear Jane

Thank you very much / for your letter. // I was interested / in reading / about your family and your school life. // This time / I will tell you / something more / about my family. //

My father is a cook / and he works very hard. // My mother is a housewife. //

My mother has a lot of work to do / at home. // She also helps my father / at the restaurant / when he is very busy. // My grandmother lives with us. // My grandmother is too old / to work / at the restaurant. // But she usually takes care of / some of the work / in the house / as my mother is busy. // My mother is good at repair things. // I often help her / fix house furniture / and learn / skills like nailing and sawing / from her. // We help each other / and we are very happy. //

I am sending you / a picture of my family. // When you see it, / you will know / how happy my family is. // Please write to me soon. //

Your friend,

Junho

(Notes) be interested in: thank you for ~:

위 글을 읽고 다음 질문에 답하시오.

1. What is Junho's father?

   (A) He is a farmer.   (B) He is a cook.

   (C) He is a worker.   (D) He is a housewife.

2. Who isn't Junho's family?

   (A) father   (B) mother

   (C) Grandmother   (D) Grandfather

3. Who wrote to Jane?

   (A) father   (B) mother

   (C) Junho   (C) Grandmother

There is an interesting story / about John D. Rockefeller, Jr. // One day / he was walking / along 49th Street. // At this time / they were just beginning / to build some of the first buildings / of Rockefeller Center. // He wanted / to see the work / which was going on. // There was a high wall / around the work. // The wall was made / of wood. // He could see nothing. // He tried / to look through the wall. // It was difficult. // Just then / a guard came along. //

"Move along," / said the guard. // "You can't stand here." // "I was just trying / to watch the work," / said Mr. Rockefeller. //

"Move along," / said the guard again. //

"I am John D. Rockefeller, Jr.," / said Mr. Rockefeller. //

"Sure, and I am President Roosevelt," / said the guard. // "Now move along, sir. // And don't give me / any more trouble." //

Mr. Rockefeller went / to his office. // He thought about this. // He was sure / that there were probably / many people like himself / who would like to watch the work / inside the wall. // It was very interesting / to watch this work. // There were big machines to pick up / the earth and the stones, / and many people liked / to watch the machines used there. // Mr. Rockefeller gave an order. // He said / that holes should be cut / in all the walls. // These holes were / for people to look through. // The holes were round. // They were / about twelve inches wide. // They were the same hight / as a man's eyes. // After this, / anyone could stop / and look through these holes. // He could watch the work / which was going on inside. // He could stand there / as long as he liked. // Everyone was pleased. //

위 글을 읽고 다음 질문에 우리말로 답하시오.

1. What did Mr. Rockefeller want to see?

   _____

2. What kind of wall was there around the work?

   _____

3. Could he see well through the wall?

   _____

4. What shape and how large were the holes cut in the wall?

   _____

There was a flood / near our house / in spring. // The water came down / from the mountain and the hills, / the river came up and up, / and a lot of houses / on the low land / were soon under the water. // The Red Cross sent some men, / and they brought food and dry clothes, / and took some people / to higher ground / in boats. // One old man lived / in a small house / near our river. // He was a poor man, / and there weren't any other houses / near his. // There was a lot of rain / one night, / and in the morning / the old man looked / out of his window / and saw the flood. // The water was nearly up / to his bedroom window. // The water came up and up, / and the old man went to the top floor / of his house. // Then the flood was worse, / and he went up / on to the roof. //

"What am I going to do?" / he said. // "The water's very deep, / and I can't swim." // But after three hours / the old man saw a boat. // It came slowly near, / and the old man saw two young men in it. //

"We've come / from the Red Cross," / one of the young men called, / "and. . . ." // "I'm sorry," / the old man answered, / "but I've just given you / some money / this month, / and I haven't got much. // I'm a poor man." //

(Notes) flood: the Red Cross: worse:

다음 밑줄 친 곳에 적당하지 않은 것은?

1. The flood came _____.

    (A) in spring   (B) near our house

    (C) to the high land   (D) from the mountain and the hills

2. The Red Cross _____.

    (A) brought some dry clothes   (B) brought some food

    (C) sent some men   (D) took some men

3. The old man _____.

    (A) thought what he was going to do

    (B) could not swim

    (C) called one of the young men

    (D) answered one of the young men

MEMO

Chapter 10 현재완료, 진행형

1. I **have just finished** my homework.	나는 숙제를 막 마쳤다.
2. I **have visited** New York **before**.	나는 전에 뉴욕을 방문한 적이 있다.
3. He **has lived** in Seoul **for** ten years.	그는 10년 동안 서울에서 살고 있다.
4. She **has lost** her watch.	그녀는 시계를 잃어버렸다.
5. He **is writing** a letter.	그는 편지를 쓰고 있다.
6. She **was reading** a book.	그녀는 책을 읽고 있었다.

1 **현재완료형의 형식** have(has) + 과거분사

2 **현재완료의 의미** 과거에 일어난 일이 현재까지 영향을 주고, 중점은 현재에 치우친다.

3 **현재완료의 종류** 완료, 경험, 계속, 결과

4 **현재진행형의 형식** be(am, are, is) + 현재분사

5 **과거진행형의 형식** be(was, were) + 현재분사

6 **진행형의 의미** 동작의 진행을 나타낸다.

1 현재완료의 용법

1 **완료** 과거에 시작된 일이 현재에 와서 막 완료되었음을 나타낸다. (막 ~하였다)

- I have **already** written a letter.
- Have you written a letter **yet**?
- I have not written a letter **yet**.

➡ 완료에는 주로 just, already, yet 등의 부사가 쓰인다.

➡ already는 긍정문에서 '벌써', yet는 의문문에서 '벌써', 부정문에서 '아직'의 뜻으로 쓰인다.

➡ 현재완료의 have와 has는 조동사의 역할을 하므로, 의문문과 부정문을 만들 때는 be동사의 의문문과 부정
문 만드는 방법과 같다.

112

2 경험 과거에서 현재까지 그 사이에 있었던 경험을 나타낸다. (~한 적이 있다)

- I have seen a lion **once**.
- Have you **ever** seen a lion?
- I have **never** seen a lion.

  ➡ 경험에는 주로 once, ever, never, before, often 등의 부사가 쓰인다.
  ➡ ever는 의문문에서 '이제까지', never는 부정문에서 '결코 ~ 아니다'의 뜻으로 쓰인다.

3 계속 과거에서 현재까지 상태가 계속된 경우를 나타낸다. (쭉 ~해 왔다)

- I have lived here **for** twelve years.
- He has been ill **since** last week.
- **How long** have you been in Korea?

  ➡ 계속에는 주로 for~, since~, How long 등의 부사구가 쓰인다.

4 결과 과거에 행한 동작의 결과가 현재에 남아있는 경우를 나타낸다. (~해서 지금 ~하다)

- Spring has come.
  = Spring came, and it is spring now.

- I have lost my bag.
  = I lost my bag, and I don't have it now.

- He has gone to America.
  = He went to America, and he is not here now.

2 주의해야 할 현재완료

- He **has gone to** America. ·· (결과)
- I **have been to** America. ·· (경험)
- I **have been to** Seoul Station. ·· (완료)
- I **have been in** America. ·· (경험)

➡ have gone to: ~에 가버렸다, ~에 가 있다
  have been to: ~에 간 적이 있다, ~에 갔다 왔다
  have been in: ~에 있은 적이 있다

➡ 1인칭과 2인칭에는 have gone을 쓸 수 없다.
  - I have gone to America. (X)
  - You have gone to America. (X)
  - He has gone to America. (O)

3 현재완료와 과거 부사

현재완료는 명백한 과거를 나타내는 부사 즉 yesterday, ago, last week, just, now, when 등과 같이 쓸 수 없다. 단, just, now, before 등 막연한 때를 나타내는 부사는 현재완료와 같이 쓰인다.

- I have met her **yesterday**. (X)
  I met her **yesterday**. (O)

- He has come to Korea two weeks **ago**. (X)
  He came to Korea two weeks **ago**. (O)

- **When** have you seen a tiger? (X)
  When did you see a tiger? (O)

- He has come back **just now**. (X)
  He came back **just now**. (O)

➜ 현재완료에서 since 뒤에는 과거 부사를 쓸 수 있다.
  - I have known him **last year**. (X)
  - I have known him **since last year**. (O)

4 현재진행형

현재 동작의 진행, 계속을 나타낸다.

- I **am playing** baseball now.
- You **are playing** the piano now.
- She **is playing** tennis now.

5 과거진행형

과거 동작의 진행, 계속을 나타낸다.

- I **was playing** baseball then.
- You **were playing** the piano then.
- She **was playing** tennis then.

6 주의해야 할 진행형

1 왕래발착동사 go, come, start, leave, arrive 등의 동사는 진행형이 미래의 뜻을 나타낸다. 이때 미래부사가 흔히 쓰인다.

- He **is coming** this evening.
  = He **will come** this evening.

- She **is leaving** Seoul soon.
  = She **will leave** Seoul soon.

2 진행형으로 쓸 수 없는 동사

① 상태, 계속을 나타내는 동사: be, have, know, understand, like, love 등

- I **am having** a book. (X)
  I **have** a book. (O)

- He **is knowing** me well. (X)
  He **knows** me well. (O)

- She **is loving** him very much. (X)
  She **loves** him very much. (O)

- He **is having** lunch now. (O)
  He **has** lunch at noon. (O)

② 지각동사가 무의지동사로 쓰일 때: see, hear, smell 등

- I **am seeing** a man reading a newspaper. (X)
  I **see** a man reading a newspaper. (O)

- He **is hearing** the news. (X)
  He **hears** the news. (O)

- She **is smelling** something burning. (X)
  She **smells** something burning. (O)

  ➜ 단 watch, listen, look at 등은 의지를 나타내는 지각동사이므로 진행형에도 쓰인다.
  - You are **watching** TV too long. (O)
  - You **watch** TV too long. (O)

Pattern Practice

1. He has read through the book.

2. He has finished the work.

3. She has just written a poem.

4. Tom has not done his homework yet.

5. Has Jane done her homework yet?

6. I have already done my homework.

7. Have you ever made a model airplane?

8. I have never made a model airplane.

9. I have once visited my uncle's.

10. I have been to Busan before.

11. I have been to the barber's.

12. I have been in Busan.

13. How often have you climbed the mountain?

14. How long have you been in Korea?

15. I have been in Korea for five years.

16. I have been in Korea since last year.

17. Chanho has been absent from school since last Tuesday.

18. My friend has gone to Brazil.

19. Winter has gone.

20. Winter has come.

21. She has lost her handbag.

22. She is reading a newspaper.

23. He is coming soon.

24. He was swimming in the pool.

25. What are you doing here?

26. Where was he running yesterday?

27. I was running along the bank of the river.

28. My mother is making some cake in the kitchen.

29. My brother was watching a baseball game on TV.

30. When are you leaving for America?

영작 연습

1. 그는 막 그 일을 마쳤다.

2. 나는 아직 그 일을 마치지 못했다.

3. 너는 숙제를 벌써 했니?

4. 그녀는 미국에 가본 적이 있다.

5. 나는 뉴욕에 있은 적이 있다.

6. 그녀는 서울역에 갔다 왔다.

7. 그녀의 친구는 부산에 가버렸다.

8. 나는 시계를 잃어버렸다.

9. 봄이 왔다.

10. 그는 야구를 하고 있다.

11. 그는 야구를 할 예정이다.

12. 그는 서울을 곧 떠날 것이다.

13. 그는 무엇을 하느냐?

14. 그는 무엇을 하고 있느냐?

15. 그녀는 편지를 쓰고 있었다.

1. 다음 영문을 우리말로 옮기시오.

(1) Tom Brown has been in Korea for three years.

(2) They took him to beautiful places.

(3) Tom is going back to America soon.

(4) His family and friends are going to ask him many questions.

(5) We have studied English for a long time.

(6) I have just written a book.

(7) He can show them the beautiful pictures of Songni mountain.

(8) Many Koreans and Americans have looked at the old flag.

(9) He finished running a long distance just a minute ago.

(10) Mr. Han, have you ever heard of Thanksgiving Day?

(11) I have never heard about the first Thanksgiving Day.

(12) They learned from the Indians how to catch the wild animals.

(13) They asked the kind Indians to have dinner with them.

(14) Many years ago some men and women from England came across the sea to America on a small ship.

(15) Since we are learning English as foreign students, we have to learn about English grammar, too.

2. 다음 문장을 영작하시오.

(1) 나는 막 편지를 썼다.

_____

(2) 그는 사자를 한 번 본 적이 있다.

_____

(3) 봄이 왔다.

_____

(4) 나는 뉴욕에 가본 적이 있다.

_____

(5) 그는 곧 올 것이다.

_____

3. 다음 동사의 현재분사(~ing)형을 만드시오.

(1) play　(　　　　　)　　　(2) study　(　　　　　)

(3) write　(　　　　　)　　　(4) run　(　　　　　)

(5) visit　(　　　　　)　　　(6) make　(　　　　　)

(7) swim　(　　　　　)　　　(8) lie　(　　　　　)

(9) cook　(　　　　　)　　　(10) sit　(　　　　　)

4. 다음 (　　　　) 안에서 알맞은 말을 고르시오.

(1) I (read, am reading) a book everyday.

(2) I (read, am reading) a book now.

(3) She (has, is having) lunch.

(4) She (has, is having) a good friend.

(5) Chanho usually (walks, is walking) to school.

(6) My mother (loves, is loving) me very much.

(7) His father (is skating, was skating) on the river yesterday.

5. 다음 문장을 진행형으로 만드시오.

(1) She listens to music.

(2) I swam in the sea last summer.

(3) He doesn't run fast.

(4) I didn't write a letter yesterday.

(5) He will read a book.

(6) What did he do?

(7) Where do you learn English?

(8) Does he make a model airplane?

6. 다음 〈보기〉의 밑줄 친 부분의 용법과 같은 것은?

〈보기〉 I have been to America.

(A) He has been to Seoul Station.　(B) She has never seen him.

(C) I have been ill since last month.　(D) I have lost the watch my father bought me.

7. 다음 현재완료의 용법을 쓰시오.

(1) Have you ever seen a lion?　　　　　　　　　　(　　　　　)

(2) Have you finished the work yet?　　　　　　　　(　　　　　)

(3) How long have you been in Seoul?　　　　　　　(　　　　　)

(4) My friend has gone to Brazil.　　　　　　　　　(　　　　　)

(5) He has lived in Seoul for ten years.　　　　　　(　　　　　)

8. 다음 두 문장의 뜻이 같아지도록 (　　　) 안에 알맞은 말을 써 넣으시오.

(1) He went to England, and he is not here now.

He (　　　　) (　　　　　) to England.

(2) Jane came to Korea two years ago, and she is still in Korea.

Jane (　　　　) (　　　　　) in Korea for two years.

(3) Spring came, and it is spring now.

Spring (　　　　) (　　　　　).

9. 다음 문장 중 잘못된 곳이 있으면 바르게 고치시오.

(1) He has come to Seoul two weeks ago.

_____

(2) When have you finished the work?

_____

(3) It has been raining since last week.

_____

(4) Have you seen him yesterday?

_____

(5) I have written a book last year.

_____

120

51 Many Koreans and Americans **have looked** at the old flag. They **have heard** stories about the flag and the man's father. They also **have heard** and **talked** a lot about Korea and its people, too.

(Notes) a lot:

52 We **have studied** English for a long time. And we **have practiced** English for a long time, too. We **have just studied** as it is spoken. And we **have** also **studied** about English grammar a little. Since we **are learning** English as foreign students, we have to learn about English grammar, too.

(Notes) for a long time:　　　　　　　as it is spoken:

53 Tom Brown **has been in** Korea for three years. At first, he didn't know many Koreans and he couldn't speak Korean. His days were difficult.

But Koreans **have helped** Tom a lot. They taught him Korean. They took him to wonderful places. They bought fine food for him. Koreans showed him love and kindness. So he **has made** many Korean friends. He **has had** a very good time here. But he always misses his family and his friends in America.

(Notes) have been in:　　　　　　　have a good time:

54 Tom **is going** back to America soon. His family and friends **are** surely **going to ask** him many questions about Korea. He can tell them about Korean songs, Korean food and Korean customs. He can show them beautiful pictures of Songni Mountain and Jeju Island. He can talk about his Korean friends.

Tom **is going to miss** Korea in many ways. Above all he **is** really **going to miss** his Korean friends.

(Notes) be going to ask:　　　　　　　be going soon:

55 Minho came to his uncle's farm with Sanghun a week ago. His uncle's family **have been** very kind to them. They **are** really **enjoying** their visit.

(Notes) enjoy one's visit:

Chapter 10 원제완료, 진행형

56 Jack **is resting** on the grass. He finished **running** a long distance just a minute ago. Tom puts his stopwatch in his pocket and sits by Jack.

(Notes) just a minute:

57 It **was raining** in the morning, but before noon the rain stopped. It became clear and bright. I took my books and notebooks with me to the reading room. Someone came to me and said, "What **are** you **doing** here, Mike?" I looked back. It was Paul.

(Note) I take a book with me:

58 "I'm reading, Paul," I answered.

"We're having a baseball game with Bill's class in the afternoon. Don't you remember?" he asked me.

"Oh, I forgot," I said.

"It'll start soon. Perhaps it started already," he said.

"Let's go out to the playground," I said. I put my books and notebooks on the desk and stood up.

(Note) have a baseball game:

59 Paul and I went to the playground at once. I took a seat between Paul and Sam. Our class **was playing** with Bill's. Both teams **were playing** hard. Many students **were watching** the game. Somebody **was keeping** the score on a small blackboard with a piece of chalk. The score was three to zero, and our team **was winning**.

(Notes) take a seat: three to zero:

60 A Frenchman **was** once **traveling** in England. He could speak English fairly well, but had a small vocabulary. Once, he wanted to order some eggs in a small country hotel. But he couldn't remember the word for eggs.

"What is the name of that bird?" he asked the waiter when he saw a rooster **walking** in the yard.

(Notes) the word for eggs:

영어장문 독해연습

Mrs. Green:	Mr. Han, (a) **have** you **ever heard** of Thanksgiving Day?
Mr. Han:	Yes, I'**ve heard** of it many times, but I don't know the meaning of Thanksgiving Day.
Mrs. Green:	Mr. Han, this coming Thursday is Thanksgiving Day. It is the fourth Thursday of November.
Mr. Han:	Please tell me about it. I'**ve never heard** about the first Thanksgiving Day.
Mrs. Green:	Many years ago some men, women, and children from England came across the sea to America on a small ship.
Mary:	That was the Mayflower. These first settlers arrived in America on the Mayflower.
Mrs. Green:	First they cut down trees and built their houses. The settlers also had to work to get their food.
Mary:	The weather was very cold that winter. The people had almost nothing to eat. Before the next spring half of the people got sick and died.
Mrs. Green:	They learned from the Indians how to catch wild animals and fish and how to grow corn.
Mary:	In the spring they planted corn and vegetables.
Mrs. Green:	When fall came, they had plenty of food.
Mary:	Yes, they had enough food for winter months. They were very happy. So they cooked a big dinner with turkey and vegetables.
Mrs. Green:	They asked the kind Indians to have dinner with them.
Mary:	Before they ate dinner, they thanked God for their food. This was the first Thanksgiving Day in America.

1. 밑줄 친 (a)의 현재완료 용법은?

(A) 계속   (B) 완료   (C) 경험   (D) 결과

2. 위 글의 내용과 일치하는 것은?

(A) The settlers had to fight against the Indians.

(B) The settlers learned from the Indians how to grow corn.

(C) The settlers asked the kind Indians to have dinner with them.

(D) The settlers thanked God for their food before they built their houses.

Basic Conversation

Minji: What's new?

Hanna: I got a call from my father this morning.

He's visiting London.

Minji: He's enjoying his trip, isn't he?

Hanna: Yes, he is. He has seen quite a few famous places.

Minji: How is the weather?

Hanna: He says it rains a lot in England, but in the summer there's a lot of sunshine.

Minji: Yes, June is the best month.

Hanna: How do you know that?

You haven't been there, have you?

Minji: No, but my parents studied there many years ago.

They loved London.

영어 회화연습

민지: 무슨 일이야?

한나: 오늘 아침에 아버지로부터 전화를 받았어.

　　　아버지가 런던을 방문하고 계시거든.

민지: 아버지가 여행을 즐기시고 계시지?

한나: 응, 그래. 아버지는 몇몇 유명한 곳을 구경하셨어.

민지: 날씨는 어떠니?

한나: 영국에는 비가 많이 온다고 해, 그러나 여름에는 햇빛이 많아.

민지: 그래, 6월이 가장 좋은 달이야.

한나: 너는 그것을 어떻게 아니?

　　　넌 거기에 가본 적이 없지 않니?

민지: 그래, 하지만 부모님께서 여러 해 전에 런던에서 공부하셨어.

　　　부모님께서는 런던을 좋아하셨어.

Chapter 11 수동태

1. She **is loved by** him.
2. A rat **was caught by** a cat.
3. The building **will be built by** Koreans.
4. English **is spoken** in Canada.
5. The mountain **is covered with** snow.
6. **By** whom **was** the radio **invented**?
7. English **is taught** to us **by** Mr. Bang.
8. She **was made** happy **by** him.

그녀는 그에게 사랑을 받는다.
쥐가 고양이에게 잡혔다.
그 건물은 한국인들에 의해 건축될 것이다.
영어는 캐나다에서 사용된다.
그 산은 눈에 덮여 있다.
라디오는 누구에 의해 발명되었습니까?
영어는 방 선생님에 의해 우리에게 가르쳐진다.
그녀는 그로 인하여 행복하게 되었디.

능동태와 수동태

능동태: 주어가 동작을 가하는 표현이다.

- He loves her. ·· (능동태)

수동태: 주어가 동작을 받는 표현이다.

- She is loved by him. ·· (수동태)

1 수동태 만드는 방법

1 형식 주격 + be동사 + 과거분사 + by + 행위자

능동태: <u>I love her</u>. (나는 그녀를 사랑한다.)

수동태: <u>She is loved by me</u>. (그녀는 나에게 사랑을 받는다.)

① 능동태의 목적어를 수동태의 주어로, 능동태의 주어를 목적격으로 바꾸어 by 뒤에 놓는다.
② be동사는 수동태 주어의 인칭과 수에 일치시킨다.
③ be동사의 시제는 능동태의 동사 시제에 일치시킨다.
④ 능동태의 동사를 과거분사로 바꾸어 be동사 뒤에 놓는다.

2 수동태의 시제

1 현재 수동태 〈am(are, is) + 과거분사〉
- He **writes** a letter. → A letter **is written by** him.

2 과거 수동태 〈was(were) + 과거분사〉
- He **wrote** a letter. → A letter **was written by** him.

3 미래 수동태 〈will + be + 과거분사〉
- He **will write** a letter. → A letter **will be written by** him.

4 진행 수동태 〈am(are, is, was, were) + being + 과거분사〉
- He is **writing** a letter. → A letter **is being written by** him.

5 완료 수동태 〈have(has, had) + been + 과거분사〉
- He **has written** a letter. → A letter **has been written by** him.

3 문형에 따른 수동태

1 3형식 수동태 〈주어 + be동사 + 과거분사 + by + 행위자〉
- I love her. → She **is loved by** me.

2 4형식 수동태 〈주어 + be동사 + 과거분사 + 간접목적어 / 직접목적어 + by + 행위자〉
- He gave me a book.
  - → A book **was given** (to) **me by** him. (O)
  - → I **was given a book by** him. (O)
- I wrote him a letter.
  - → A letter **was written him by** me. (O)
  - → He **was written a letter by** me. (X)
- ➡ 간접목적어를 주어로 쓸 수 없는 동사: write, make, buy, send 등

3 5형식 수동태 〈주어 + be동사 + 과거분사 + 목적보어 + by + 행위자〉
- He made me a teacher. → I **was made a teacher by** him.
- He made her happy. → She **was made happy by** him.
- ➡ 1형식과 2형식은 목적어가 없으므로 수동태로 만들 수 없다.

4 문장의 종류에 따른 수동태

1 부정문의 수동태 〈be동사 + not + 과거분사〉

- He **does not write** a book.
  → A book **is not written by** him.

- He **did not give** me many books.
  → Many books **were not given** me **by** him.

2 의문문의 수동태

① 의문사가 없는 의문문

- **Do** you love him?
  → **Is** he **loved** by you?

② 의문사가 있는 의문문

ⓐ 의문사 자신이 주어일 때

- **Who broke** the window?
  → **By whom was** the window **broken**?

ⓑ 의문사 자신이 목적어일 때

- **What does** he want?
  → **What** is **wanted by** him?

ⓒ 의문사 자신이 주어도 목적어도 아닐 때

- **Where did** he buy a car?
  → **Where** was a car **bought by** him?

3 명령문의 수동태 〈let + 목적어 + be동사 + 과거분사〉

① 긍정 명령문의 수동태

- **Finish** the work.
  → **Let** the work **be finished**.

② 부정 명령문의 수동태

- **Don't finish** the work.
  → **Don't let** the work **be finished**.

5 주의해야 할 수동태

1 조동사가 있는 수동태 〈조동사 + be동사 + 과거분사〉

- I **can** make a model airplane.
  → A model airplane **can be made by** me.

- He **will** write a story.
  → A story **will be written by** him.

2 <자동사 + 전치사>의 수동태 한 단어처럼 생각한다. 자동사 + 전치사 = 타동사

- The truck **ran over** a dog.
  → A dog **was run over by** the truck.

- He **laughed at** me.
  → I **was laughed at by** him.

3 목적보어가 원형부정사인 수동태 5형식에서 지각동사, 사역동사가 오면 수동태에서 원형부정사는 to부정사로 된다.

- I **saw** him **go** out.
  → He was seen **to go** out by me. (O) / He was seen **go** out by me. (X)

- He **made** me **go** there.
  → I was made **to go** there by him. (O) / I was made **go** there by him. (X)

4 행위자가 일반 사람을 나타낼 때의 수동태 〈by + 행위자〉를 생략한다. by them, by you, by us 등

- **They** speak English in Canada.
  → English is spoken in Canada (**by them**).

- **We** can see stars at night.
  → Stars can be seen at night (**by us**).

5 by 이외의 전치사를 사용하는 수동태

- The news surprised me.
  → I was surprised **at** the news.

- Snow covers the mountain.
  → The mountain is covered **with** snow.

---

by 대신에 다른 전치사를 사용하는 수동태

TIP

be filled with: ~로 가득 차다   be interested in: ~에 흥미가 있다
be satisfied with: ~에 만족하다   be known to: ~에 알려져 있다
be made from: ~으로 만들어져 있다 (화학적 변화)
be made of: ~으로 만들어져 있다 (물리적 변화)

Chapter 11 수동태

Pattern Practice

1. He is loved by her.

2. A rat was caught by a cat.

3. The dress was made by her mother.

4. The building will be built by Koreans.

5. Children are loved by their parents.

6. Many books are being read by Chanho.

7. Tom can be taught Korean by Junho.

8. She was given some flowers by me.

9. Some flowers were given to her by me.

10. A letter was written him by me.

11. Some books were sent me by her.

12. She was made a great pianist by her mother.

13. She was made happy by her daughter.

14. Was the car washed by you?

15. Is he loved by her?

16. Where was the book written by him?

17. When will the work be finished by them?

18. By whom was America discovered?

19. What was wanted by him?

20. Who was invited to the party?

21. Where are the pictures sold?

22. English is spoken in Canada.

23. Many stars were seen at night.

24. He was called Jack.

25. She was seen to meet him by me.

26. She was heard to sing a song by me.

27. She was heard singing a song by me.

28. A small dog was run over by a car.

29. I am interested in music.

30. Butter was made from milk.

영작 연습

1. 나는 선생님에게 사랑을 받는다.

2. 그 영어책은 방 선생님에 의해 저술되었다.

3. 어제 점심은 나의 누나에 의해 요리되었다.

4. 그 집은 나의 아저씨에 의해 건축될 것이다.

5. 그녀는 나에 의해 행복해질 수 있다.

6. 그녀는 자기 옷을 만드는데 자기 어머니의 도움을 받았다.

7. 나는 그녀에게 약간의 꽃을 받았다.

8. 그는 나에게 많은 책을 받았다.

9. 그는 모든 사람에게 사랑을 받았습니까?

10. 미국은 콜럼버스에 의해 발견되었습니까?

11. 미국이 누구에 의해 발견되었습니까?

12. 미국이 언제 발견되었습니까?

13. 개 한 마리가 차에 치였습니다.

14. 그 산은 눈으로 덮혀 있습니다.

15. 그는 과학에 흥미가 있습니다.

1. **다음 영문을 우리말로 옮기시오.**

   (1) A rat was caught by a cat.

   (2) The building will be built by Mr. Kim.

   (3) English is spoken in Canada.

   (4) The mountain is covered with white snow.

   (5) By whom was America discovered?

   (6) A dog was run over by a truck.

   (7) In America Christmas Day is the most joyous holiday of the year.

   (8) I think bamboo is one of the most beautiful and useful of all plants.

   (9) The basket was given to him by Uncle John in Korea.

   (10) After breakfast the presents are opened one by one.

   (11) One day a dinner party was held for him by a Spanish gentleman.

   (12) I know that we can also get to India if we sail west.

   (13) Columbus was welcomed as a great hero and was praised by most people.

   (14) Soon more boys came and stopped to watch Ben paint.

   (15) The Christmas tree is brought into the living room and decorated.

2. **다음 문장을 영작하시오.**

   (1) 나는 엄마에게 사랑을 받는다.

   _____

   (2) 그 컵은 나에 의해 깨졌다.

   _____

   (3) 누구에 의해 창문이 부서졌습니까

   _____

   (4) 그 책은 브라운 씨에 의해 쓰여졌다.

   _____

   (5) 그녀는 나로 인하여 행복해졌다.

   _____

3. 다음 문장을 수동태로 고치시오.

(1) He loves her.

(2) She writes a letter.

(3) They will build the house.

(4) He is reading many books.

(5) He sent her some flowers.

(6) I made him a teacher.

(7) I made him happy.

(8) He didn't write a letter.

(9) Did you make a doll?

(10) What did you do?

(11) Who invented the radio?

(12) Where did he catch the rabbit?

(13) Where will you give him the book?

(14) The news surprised me.

(15) The car ran over a dog.

4. 다음 문장을 능동태로 고치시오.

(1) The mountain is covered with snow.

(2) English is spoken in Canada.

(3) I am loved by my mother.

(4) Is she liked by him?

(5) By whom was America discovered?

5. 다음 (   ) 안에서 알맞은 말을 고르시오.

(1) I was given a book (by, at, with) Jane.

(2) I was interested (by, in, of) music.

(3) A dog was ran over (by, to, from) the truck.

(4) The mountain was covered (by, of, with) snow.

(5) Butter was made (by, of, from) milk.

(6) The desk was made (by, of, from) wood.

(7) He was surprised (by, at, with) the news.

(8) He was born (by, in, to) Seoul.

(9) He was killed (by, of, with) a knife.

(10) She was killed (by, of, with) a gang.

6. 다음 두 문장의 뜻이 같아지도록 밑줄 친 곳에 알맞은 말을 써 넣으시오.

(1) They are building a tall building.

A tall building is _____ _____.

(2) Mr. Bang taught us English.

English was _____ to us _____ Mr. Bang.

(3) What did he want?

What _____ _____ by him?

(4) The news surprised me.

I was _____ _____ the news.

(5) Does he like her?

_____ she liked by him?

7. 다음 문장에서 잘못된 곳을 바르게 고치시오.

(1) She was laughed at him.

(2) The book is been read by him.

(3) What did he wanted by him?

(4) He was seen enter the room.

(5) Did America discovered by Columbus?

61 The twenty-fifth day of December **is called** Christmas Day. A long, long time ago Jesus **was born** on this day. In America Christmas Day is the most joyous holiday of the year. It **is enjoyed by** both children and grown-ups. Schools and stores **are closed** all over the country.

(Notes) be born: grown-up:

62 The night before Christmas **is called** Christmas Eve. In most families the children **are sent** to bed early. Then the Christmas tree **is brought** into the living room and **decorated by** the parents. All the presents and toys **are put** under the tree.

(Notes) in most families: be sent to bed:

63 On Christmas Day the children get up early and **are surprised** to see the Christmas tree. It **is covered with** pretty lights. The children believe that the presents and the toys **are brought by** Santa Claus on Christmas Eve.

(Notes) be surprised to: be covered with:

64 After breakfast the presents **are opened** one by one. The children **are excited** about their presents and new toys.

On Christmas morning people go to church for special services. Later in the day the families get together for a big dinner. Turkey and other special foods **are served**.

Everyone is happy on Christmas Day, and people say "Merry Christmas!" to each other.

(Notes) one by one: be served:

65 "What is the most beautiful and most useful plant of all?" Mr. Green asked Ted one day. Ted couldn't think any. Then Mr. Green showed Ted a beautiful basket. The basket **was given to him by** Uncle John in Korea.

"What **is** this basket **made of**, Ted?" asked Mr. Green again.

"It's **made of** bamboo and **is painted** red and green," said Mr. Green,

"I think bamboo is one of the most beautiful and useful of all plants."

(Notes) be made of:

Chapter 11

수동태

66 "Well, bamboo **can be made into** many useful things," answered Mr. Green. "A piece of bamboo **can be used** as a pail. When holes **are cut** through the joints, bamboo **can be used** as long pipes. In some countries these pipes **are used** for water pipes."

(Notes) be made into: a piece of:

67 "My chair **is** also **made of** bamboo," said Ted. "That's right. It isn't heavy. It's very light, but it's very strong. Bamboo **is used** for chairs and tables," said Mr. Green.
"This basket **is made of** bamboo skin," Mr. Green again. "Bamboo skin isn't thick. It's very thin, but it's very strong. It **can be made into** baskets."

(Notes) heavy(≠light):   thick(≠thin):

68 Christopher Columbus was an Italian sailor. He believed that the world was round. He often said, "India lies to the east of Europe. But I know that we can also get to India if we sail west." He **was not believed by** anybody in Italy. So he went to Spain. At last Queen Isabella gave him three small ships.

(Notes) get to: lie to:

69 He thought that the land was a part of India. When Columbus came back to Spain, he **was welcomed** as a great hero and **was praised by** most people. But some said, "He is nothing but a poor sailor from Italy. Any sailor in Spain can cross the Atlantic, if he has a ship."

(Notes) nothing but:

70 One day a dinner party **was held** for him **by** a Spanish gentleman. Many people gathered for the party. At the dinner a man said to Columbus, "You discovered strange lands. But any sailor in Spain can do that. It is the simplest thing in the world."

(Notes) be held:

Soon more boys came and stopped to watch Ben paint. They were Tom's friends. They all wanted (a) <u>to paint</u> the fence. Each of the five boys gave something to Tom and one by one painted the fence. Tom got from them two oranges, a knife, a toy boat, and some coins.

By four o'clock in the afternoon (b) <u>the whole fence was painted by them</u>. All the boys were covered (A) yellow paint. Tom Sawyer was still sitting under the tree. He looked at the fence and smiled. The fence was clean and beautiful. "The fence is painted quite well. The boys did a good job for me." Tom said to himself.

When all the boys left, Tom got up and went into the house. He said to Aunt Polly, "I've finished the work. (c) <u>Would</u> you come out and look at the fence?"

"Yes, of course," Aunt Polly said and came out to have a look.

"What a good boy! You did a wonderful job," she said with a smile on her face. "Now, you may go to the river."

1. 밑줄 친 (a)의 용법과 같은 것은?

   (A) Soon more boys came and stopped <u>to watch</u> Ben paint.
   (B) Aunt Polly came out <u>to have</u> a look.
   (C) Each of the five boys gave something <u>to eat</u>.
   (D) Tom Sawyer didn't want <u>to paint</u> the fence.

2. 밑줄 친 (b)를 능동태로 고치시오.

   _____

3. (A)에 알맞은 전치사는?

   (A) by   (B) at   (C) in   (D) with

4. 밑줄 친 (c)의 용법과 같은 것은?

   (A) He <u>would</u> often take a walk in the morning.
   (B) They said that he <u>would</u> leave Seoul soon.
   (C) <u>Would</u> you like some water?
   (D) I <u>would</u> like to learn Chinese.

5. 위 글의 내용과 일치하는 것은?

   (A) 톰은 울타리에 페인트를 잘 칠했다.
   (B) 울타리는 파란색으로 새롭게 칠해졌다.
   (C) 폴리 아주머니는 톰이 나가 놀도록 허락했다.
   (D) 폴리 아주머니는 나에게 귤과 칼과 장난감 배와 약간의 돈을 선물로 주셨다.

Basic Conversation

John: Hello.

Jane: Hello. May I speak to John?

John: Yes, this is he. Who is calling, please?

Jane: This is Jane.

John: Oh, hi, Jane.

Jane: Hi, John. Tomorrow is my birthday.

      Can you come to my house for dinner tomorrow night?

John: Sure. I can. What time shall I come?

Jane: About six-thirty. Judy and Jack will be with us, too.

John: That's great. I'll be there at six-thirty.

      By the way, can I bring Diane, my sister with me?

Jane: Sure. We'll see you then. Good-bye.

John: Thanks for calling. Good-bye.

영어 회화연습

존: 여보세요.

제인: 여보세요. 존 좀 바꿔주시겠어요?

존: 예, 전데요. 누구세요?

제인: 제인이야.

존: 오, 안녕, 제인.

제인: 안녕, 존. 내일은 내 생일이야.

　　　 내일 밤 저녁 식사하러 우리 집에 올 수 있니?

존: 물론이지. 몇 시에 갈까?

제인: 6시 30분쯤, 주디와 잭도 와 있을 거야.

존: 잘 됐다. 6시 30분에 거기로 갈게.

　　　 그런데, 내 동생 다이앤을 데리고 가도 되니?

제인: 물론이지. 그때 보자. 안녕.

존: 전화해줘서 고마워. 안녕.

수동태

Chapter 12 일치와 화법

1 수의 일치

1. I **am** a student.	나는 학생이다.
2. She and I **are** students.	그녀와 나는 학생들이다.
3. She or I **am** a student.	그녀나 나는 학생이다.
4. Each boy **has** a desk.	각 소년은 책상을 가지고 있다.
5. Ten years **is** a long time.	10년은 긴 시간이다.

동사는 주어의 인칭과 수에 따라서 동사의 꼴이 다르다. 이를 수의 일치라고 한다.

1 주어가 and로 결합되면 동사는 복수형이 된다.

- He **and** I **are** good friends.
  → **We** are good friends.
- She **and** you **are** good pianists.
  → **You** are good pianists.

➡ 주어가 and로 결합되지만 복수동사로 받지 않을 때도 있다. (예: 관용구나 책 이름 같은 고유명사에 and가 사용될 경우)
- Bread and butter **is** my favorite food.
- Romeo and Juliet **was** written by Shakespeare.

2 주어가 or로 결합되면 동사는 or 뒤의 주어에 일치시킨다.

- Either he **or** I **am** wrong.
- Neither I **nor** he **is** wrong.

3 each와 every는 여러 개가 있어도 단수 취급을 한다.

- Every boy and every girl **is** singing.
- Each boy and each girl **has** a desk.

4 시간, 거리, 가격, 무게 등을 나타내는 명사는 복수형 주어이지만 단수 취급을 한다.

- Ten **years is** a long time for you.
- Ten **miles is** a long distance.

2 시제의 일치

1. He **says** that he **is** happy.	그는 자기가 행복하다고 말한다.
2. He **said** that he **was** happy.	그는 자기가 행복하다고 말했다.
3. He **thinks** that he **was** busy.	그는 자기가 바빴다고 생각한다.
4. He **thought** that he **had been** busy.	그는 자기가 바빴었다고 생각했다.

복문에서 주절의 동사와 종속절의 동사는 그 시제가 서로 맞아야 한다. 이를 시제의 일치라고 한다.

1 주절의 동사가 현재이면 종속절의 시제는 제한이 없다.

- I **think** that he **is** happy.
- I **think** that he **was** happy.
- I **think** that he **will be** happy.
- I **think** that he **has been** happy.

2 주절의 동사가 과거이면 종속절의 동사는 현재는 과거로, 과거는 과거완료로, 현재완료는 과거완료로 바뀐다.

- I **think** that he **is** a doctor.
- I **thought** that he **was** a doctor.
- He **says** that he **was** happy.
- He **said** that he **had been** happy.

3 불변의 진리는 항상 현재형을 쓴다.

- She **says** that the earth **is** round.
- She **said** that the earth **is** round.

4 현재의 습관과 사실은 현재형을 쓴다.

- She **says** that she **gets** up early every morning.
- She **said** that she **gets** up early every morning.

5 역사적 사실은 과거형을 쓴다.

- He **says** that Columbus **discovered** America in 1492.
- He **said** that Columbus **discovered** America in 1492.

Chapter 12

일치와 화법

3 화법

1. She said, "I am happy."	그녀는 "나는 행복하다."고 말했다.
She said that she was happy.	그녀는 행복하다고 말했다.
2. He said to me, "Are you happy now?"	그는 나에게 "당신은 지금 행복합니까?"라고 물었다.
He asked me if I was happy then.	그는 나에게 내가 그때 행복했냐고 물어보았다.
3. She said to me, "Open the door."	그녀는 나에게 "문을 열어라."라고 말했다.
She told me to open the door.	그녀는 나에게 문을 열라고 말했다.
4. He said, "How beautiful this flower is!"	그는 "이 꽃은 굉장히 아름답구나!"라고 말했다.
He cried out how beautiful that flower was.	그는 그 꽃이 굉장히 아름답다고 외쳤다.

남의 말을 말한 그대로 전달하는 것을 직접화법이라고 하고, 전달하는 사람의 입장에서 말을 고쳐서 전달하는 것을 간접화법이라고 한다.

직접화법을 간접화법으로 바꿀 때 주의할 점

❶ 지시대명사, 장소와 때의 부사, 형용사 등은 전달동사가 과거이면 다음과 같이 바뀐다.

this → that
these → those
here → there
now → then
today → that day
ago → before
yesterday → the day before / the previous day
tomorrow → the next day / the following day
last night → the night before
next week → the next week

❷ 인칭대명사의 변화(피전달문 " " 안의 인칭대명사)

① 1인칭(I, my, me, we, our, us): 전달문의 주어와 일치한다.

② 2인칭(you, your, you): 전달문의 목적어와 일치한다.

③ 3인칭(he, his, him, she, her): 그대로 한다.

1 평서문의 간접화법을 만드는 방법

① say(said) → say(said) 그대로 쓰고,

say(said) to → tell(told)로 바꾸어 쓴다.

② 접속사 that을 쓴다. (생략해도 좋다.)

- He **says**, "**I am** happy."
  → He **says** that **he is** happy.

- He **said to** me, "**I am** happy **now**."
  → He **told** me that **he was** happy **then**.

2 의문문의 간접화법을 만드는 방법

① say(said) to → ask(asked)

② 의문사가 있으면 의문사를 그대로 쓴다. 의문사가 없으면 접속사로 if(whether)를 사용한다.

- He **said to** me, "**Where** do you live?"
  → He **asked** me **where** I lived.

- He **said to** me, "Did you give **me** a book **yesterday**?"
  → He **asked** me **if** I had given **him** a book **the day before**.

3 명령문의 간접화법을 만드는 방법

① said to → told(asked, ordered, advised)

② 피전달문의 동사는 to부정사로 연결한다.

- He **said to** me, "Open the door."
  → He **told** me **to open** the door.

- He **said to** me, "Please go home quickly."
  → He **asked** me **to go** home quickly.

4 감탄문의 간접화법을 만드는 방법

① said → cried out(shouted, exclaimed)

② 감탄문을 그대로, 혹은 평서문으로 고쳐 간접화법을 만들 수 있다.

- He **said**, "What a pretty doll this is!"
  → He **cried out** what a pretty doll **that was**.
  → He **said that was** a very pretty doll.

Pattern Practice

1. The student is busy.

2. The students are busy.

3. The teacher and the student are busy.

4. She or I am happy.

5. Either he or I am diligent.

6. Neither you nor he is diligent.

7. Each boy and each girl has a desk.

8. Ten years is a long time for him.

9. Ten miles is a long distance.

10. Bread and butter is his favorite lunch.

11. Gulliver's Travels is an interesting story.

12. He says that he goes to school to study.

13. He says that he went to the hospital.

14. He said that the sun is larger than the earth.

15. He says that Columbus discovered America in 1492.

16. He said, "I want to learn English."

17. She said to me, "I can give this book to you."

18. She said to me, "Is he a doctor or a teacher?"

19. She said to me, "What are you doing here now?"

20. She said to me, "When did he buy this car?"

21. He said to me, "Where are you going to meet her?"

22. He said to me, "Go home right now."

23. He said to me, "Don't make a noise in this class."

24. He said to me, "Please come here."

25. He said, "How wonderful this stadium is!"

26. He said, "What a beautiful house it is!"

27. She said to him, "I didn't meet you two days ago."

28. She said to me, "Will you go to the park tomorrow?"

29. She said to me, "Did you have a good time yesterday?"

30. She said to me, "Why are you late for school today?"

영작 연습

1. 그와 나는 정직하다.

2. 그나 나는 정직하다.

3. 그와 나 중 하나는 나쁘다.

4. 그와 나 중 아무도 나쁘지 않다.

5. 10년은 긴 세월이다.

6. 그는 지구가 둥글다고 말했다.

7. 그는 자기가 매일 아침 7시에 일어난다고 말했다.

8. 그녀는 자기가 행복하다고 말한다.

9. 그녀는 자기가 행복하다고 말했다.

10. 나는 그가 의사라고 생각한다.

11. 나는 그가 의사라고 생각했다.

12. 나는 그가 의사였다고 생각했다.

13. 그녀는 나에게 내가 그때 행복했냐고 물어보았다.

14. 그녀는 나에게, "당신은 지금 행복합니까"라고 물었다.

15. 그녀는 나에게 문을 열라고 말했다.

1. 다음 영문을 우리말로 옮기시오.

(1) He and I are good friends.

(2) He or I am a good friend.

(3) Either you or he is wrong.

(4) Neither he nor I am wrong.

(5) Each boy and each girl has a desk.

(6) Twenty years is a long time for us.

(7) Twelve miles is a long distance.

(8) She said, "I am happy now."

(9) She said that she was happy then.

(10) He said to me, "I gave you this book."

(11) He told me that he had given me that book.

(12) She tasted the soup and put in more salt and pepper.

(13) Living in the city is a lot of fun.

(14) "May I go to bed late tonight?" said Ted.

(15) This food is going to be very good.

2. 다음 문장을 영작하시오.

(1) 버터 빵은 내가 좋아하는 음식이다.

_____

(2) 제인과 테드는 착한 친구들이다.

_____

(3) 나는 그가 정직하다고 생각한다.

_____

(4) 나는 그가 정직하다고 생각했다.

_____

(5) 그녀는 자기가 매일 일찍 일어난다고 말했다.

_____

3. 다음 (   ) 안에서 알맞은 말을 고르시오.

(1) He and I (am, is, are) busy.

(2) He or I (am, is, are) busy.

(3) Either he or I (am, is, are) happy.

(4) Neither you nor he (am, is, are) happy.

(5) Each boy (am, is, are) diligent.

(6) Each boy and each girl (am, is, are) diligent.

(7) Every student (am, is, are) honest.

(8) Every student and every teacher (am, is, are) not busy.

(9) Ten years (am, is, are) a long time.

(10) Ten miles (am, is, are) a long distance.

(11) She says that she (is, was) happy.

(12) She said that she (is, was) happy.

(13) He said that he (gets, got) up early every morning.

(14) He said that the sun (is, was) larger than the earth.

(15) She says that Columbus (discovers, discovered) America.

4. 다음 두 문장의 뜻이 같아지도록 (   ) 안에 알맞은 말을 써 넣으시오.

(1) He said, "I am happy."

He (   ) that he (   ) happy.

(2) He said to me, "I am happy now."

He (   ) me that (   ) was happy (   ).

(3) He said to me, "Will you give me this book?"

He (   ) me (   ) I (   ) give (   ) (   ) book.

(4) He said to me, "Go home quickly."

He (   ) me (   ) go home quickly.

(5) She said, "How beautiful this flower is!"

She (   ) out (   ) beautiful that flower was.

(6) She said to me, "What do you want to have?"

She (   ) me (   ) I wanted to have.

(7) She said to me, "Please come in."

She (   ) me (   ) come in.

5. 다음 화법의 전환이 바르게 된 것은?

   (A) She said to me, "I am happy now."

      She told me that she was happy then.

   (B) She said to me, "Did you have a good time?"

      She asked me that I had a good time.

   (C) He said to me, "Don't go home."

      He told me go home.

   (D) He said to me, "When will you come here?"

      He asked me when I would come here.

6. 다음 문장을 간접화법으로 바르게 바꾼 것은?

   (1) She said, "I am a teacher."

      (A) She said that I am a teacher.

      (B) She said that I was a teacher.

      (C) She said that she is a teacher.

      (D) She said that she was a teacher.

   (2) He said to me, "You can speak English."

      (A) He said to me that I can speak English.

      (B) He said to me that I could speak English.

      (C) He told me that I can speak English.

      (D) He told me that I could speak English.

   (3) She said to me, "Where are you going now?"

      (A) She asked me where was I going then.

      (B) She asked me where I was going then.

      (C) She said to me where I was going then.

      (D) She told me where were you going now.

7. 다음 문장에서 잘못된 곳이 있으면 바르게 고치시오.

   (1) She said that she takes a walk every morning.

   (2) I thought that he is very kind.

   (3) He cried out how foolish he is.

   (4) She told me if she was a good doctor.

8. 다음 직접화법을 간접화법으로 고치시오.

(1) He says, "I am busy."

(2) He said, "He is happy."

(3) He said to me, "I give you this book."

(4) He said to me, "I will come back here."

(5) He said to me, "Are you happy now?"

(6) He said to me, "What are you doing here?"

(7) He said to me, "Where did you buy this book?"

(8) She said to me, "Stand up quickly."

(9) She said to me, "Please sit down."

(10) She said to me, "Don't go home."

(11) She said, "How beautiful this city is!"

(12) She said to me, "The earth goes round the sun."

(13) She said to me, "I gets up early every morning."

(14) She said to me, "I gave you this book here yesterday."

9. 다음 간접화법을 직접화법으로 고치시오.

(1) He said that he was honest.

(2) He told me that he sent me some flowers.

(3) She asked me if I was sick.

(4) She asked me when I had bought that car.

(5) She told me to bring her some water.

71 After a few minutes my aunt came into the kitchen. She tasted the soup and put in more salt and pepper. She likes very spicy food. Then she went into another room to read the newspaper. Soon my mother came into the kitchen. When she looked at the soup, she said, "Yunhui never puts enough salt and pepper in the soup. I will put more in."

(Notes) a few minutes: put in:

72 At seven it was time for dinner. Everyone came to the table. My father said, "This food is going to be very good. You are a good cook, Yunhui." But when we tasted the soup, everyone coughed. "What's wrong with the soup?" my father asked. "I think I know," I said. "There were too many cooks in the kitchen."

(Notes) What's wrong with the soup?:

73 "Alice," Mrs. Brown said, "Do you have your sweater? Are you warm enough?"
"Yes, Mother," Alice said. "I've got it. I'll be all right."
"Come on, Alice and Tom," said Uncle Bill. He knew that they wanted to ride in the small boat, and he was afraid that Mrs. Brown would change her mind and not let them go. "Let's get into the boat." Tom and Alice got into the sailboat.

(Notes) I've got it.:   change one's mind:

74 Mr. Brown called, "Bill, what do you think of the weather?"
"Oh, it will be all right," said Uncle Bill, "anyway, if it gets cloudy, we can come back. Let's go."
Uncle Bill got into the boat, and Mr. Brown went to work. He untied the ropes which held the boat, and the boat began to move slowly. When they were about fifty yards from the shore, he raised the sail.
"Here we go!" he shouted.
The wind was good. It filled the sail and the boat began to fast.
"Just like a bird," Alice cried.
"Oh, this is wonderful!"

(Notes) get into the boat: Here we go!:

Mary was reading a story in the living room.

(a) "Will you come with me?" said Mrs. Brown to Mary. Mrs. Brown wanted to buy some things for a picnic. "Where are you going, Mom?" Mary asked.

"I want to go to the grocery store," answered Mrs. Brown.

It was Friday afternoon. Every Friday afternoon Mrs. Brown went to the grocery store.

"How are you going to the store?" asked Mary. Mary always asked this question. She didn't like to walk to the store.

"Shall we go by car?" said Mrs. Brown.

"Yes, (A) go by car," said Mary. Mary was happy. She liked to go by car. "I want to buy some candy, too." They went to the grocery store by car. The store was not too far away. Soon they arrived at the grocery store.

1. 밑줄 친 (a)의 옳은 문장 전환은?

   (A) Mrs. Brown said to Mary that you would come with me.

   (B) Mrs. Brown told Mary if she would come with her.

   (C) Mrs. Brown asked Mary if she would come with her.

   (D) Mrs. Brown asked Mary if you would come with me.

2. (A)에 알맞은 말은?

   (A) I   (B) you   (C) we   (D) let's

3. 다음 질문에 영어로 답하시오.

   (1) Where was Mary reading a story?

   (2) Did Mary like to go by car?

   (3) Where did Mrs. Brown go every Friday afternoon?

   (4) Why was Mary happy?

Basic Conversation

Mike: I think Korea is very beautiful.

Minho: Really?
Mike: Yes. There are many beautiful mountains and rivers in Korea.

Minho: Do you like the weather in Korea?
Mike: Yes, I do.

Minho: Which season do you like best?
Mike: I like spring best.

Minho: Have you been to the Seorak Mountains?
Mike: Yes, I have. They are beautiful mountains.

Minho: When did you go there?
Mike: Last spring.

Minho: Seorak looks even more beautiful in autumn.
Mike: Really?

Minho: It's covered then with bright red and yellow leaves.
Mike: When should I go to Jeju Island?

Minho: Any time of the year except the rainy season.
Mike: Thanks. I'll remember that.

영어 회화연습

마이크: 한국은 매우 아름답다고 나는 생각해.

민호:　정말?

마이크: 그래. 한국에는 많은 아름다운 산과 강들이 있어.

민호:　너는 한국의 날씨를 좋아하니?

마이크: 응, 그래.

민호:　너는 어느 계절을 가장 좋아하니?

마이크: 나는 봄을 제일 좋아해.

민호:　너 설악산에 가본 적 있니?

마이크: 응, 있어. 아름다운 산들이야.

민호:　너는 언제 거기에 갔었니?

마이크: 작년 봄에.

민호:　설악은 가을에 훨씬 더 아름답게 보여.

마이크: 정말?

민호:　그때는 밝은 적색과 노란색의 나뭇잎들로 덮여 있어.

마이크: 제주도에는 언제 가야 하지?

민호:　우기만 제외하고 연중 어느 때든지.

마이크: 고마워. 기억할게.

Chapter 13 관계대명사

1. I have a friend **who** lives in New York.	나는 뉴욕에 사는 친구가 있다.
2. I have a book **which** was written by Shakespeare.	나는 셰익스피어에 의해 쓰여진 책을 가지고 있다.
3. I have the first book **that** was written by Shakespeare.	나는 셰익스피어에 의해 쓰여진 최초의 책을 가지고 있다.
4. I understand **what** you said.	나는 네가 말한 것을 이해한다.

관계대명사는 문장과 문장을 연결하는 접속사의 역할과 대명사의 역할을 겸하는 대명사이다. 관계대명사가 이끄는 절을 형용사절이라고 하고, 관계대명사 바로 앞에서 수식을 받는 명사를 선행사라고 한다.

- I have a friend. + He lives in New York.
  I have a friend. <u>and He</u> lives in New York.
                          ↓
  I have <u>a friend</u> <u>who</u> <u>lives in New York</u>.

➡ 관계대명사(who): 〈접속사 + 대명사〉의 역할을 한다. 즉 who = and + he
  선행사(a friend): 관계대명사가 이끄는 형용사절에 의해 수식을 받는다.

1 관계대명사의 종류

선행사 \ 격	주격	소유격	목적격
사람	who	whose	whom
동물, 사물	which	of which = whose	which
사람, 동물, 사물	that	–	that
선행사 포함	what	–	what

2 who, whose, whom의 용법

who(주격), whose(소유격), whom(목적격)은 선행사가 사람인 경우에 쓰인다.

1 who 선행사 + who + 동사(자동사, 타동사)

- This is a man. + He teaches us English.
  → This is a man **who** teaches us English.

- I know the boy. + He plays baseball well.
  → I know the boy **who** plays baseball well.

- The girl is pretty. + She plays the violin well.
  → The girl **who** plays the violin well is pretty.

관계대명사를 활용하여 두 문장을 한 문장으로 만드는 순서

❶ 두 문장에서 같은 말을 찾는다. (주로 명사는 선행사, 대명사는 관계대명사로 취한다.)

❷ 선행사와 대명사가 사람인지 사물인지 찾고, 그 대명사의 격을 찾는다.

❸ 한 문장에서 대명사를 관계대명사로 바꾸고, 관계대명사 who가 이끄는 형용사절은 선행사 바로 뒤에 놓는다.

❹ 이때 주의할 점은 관계대명사가 이끄는 절의 낱말의 어순은 그대로 둔다.

❺ 관계대명사는 해석하지 않고, 형용사절은 '~는, ~인, ~할' 등으로 해석한다.

예 I know the boy. + He plays baseball well.
  → I know the boy **who** plays baseball well. (나는 야구를 잘하는 소년을 안다.)

① the boy는 선행사로, He는 관계대명사로 정한다.
② He는 사람이고 주격이므로 관계대명사 who를 취한다.
③ He를 who로 바꾼 후 선행사 the boy 바로 뒤에 관계대명사 who가 이끄는 형용사절을 놓는다.
④ 이때 He를 뺀 나머지 낱말의 어순은 그대로 둔다.

2 whose 선행사 + whose + 주어 + 동사(자동사, 타동사)

- This is a man. + His son is a doctor.
  → This is a man **whose** son is a doctor.

- I know the boy. + His sister is playing the piano.
  → I know the boy **whose** sister is playing the piano.

- The girl is beautiful. + Her brother plays baseball.
  → The girl **whose** brother plays baseball is beautiful.

예 This is <u>a man</u>. + <u>His</u> son is a doctor.
  → This is a man **whose** son is a doctor. (이 분은 아들이 의사인 사람이다.)

  ① a man은 선행사로, His는 관계대명사로 정한다.
  ② His는 사람이고, 소유격이므로 관계대명사 whose를 취한다.
  ③ His를 whose로 바꾼 후 선행사 a man 바로 뒤에 관계대명사 whose가 이끄는 형용사절을 놓는다.
  ④ 이때 His를 뺀 나머지 낱말의 어순은 그대로 둔다.

3 whom 선행사 + whom + 주어 + 타동사(자동사 + 전치사)

- This is a man. + I met him yesterday.
  → This is a man **whom** I met yesterday.

- I know the boy. + Your sister plays with the boy?
  → I know the boy **whom** your sister plays with.

- The girl is pretty. + I saw her at the party.
  → The girl **whom** I saw at the party is pretty.

예 This is <u>a man</u>. + I met <u>him</u> yesterday.
  → This is a man **whom** I met yesterday. (이 분은 내가 어제 만난 사람이다.)

  ① him은 사람이고, 목적어이므로 관계대명사 whom을 취한다.
  ② 선행사 a man 바로 뒤에 whom이 이끄는 형용사절을 놓는다.

3 which, of which(=whose), which의 용법
which(주격), of which(소유격), which(목적격)은 선행사가 동물이나 사물에 쓰인다.

1 which 선행사 + which + 동사(자동사, 타동사)

- This is a book. + It is written in English.
  → This is a book **which** is written in English.

- I bought a dog. + It was born in Korea.
  → I bought a dog **which** was born in Korea.

- The book is not easy. + It was written by him.
  → The book **which** was written by him is not easy.

2 of which 선행사 + of which the(= whose) + 주어 + 동사(자동사, 타동사)

- This is a book. + Its cover is black.
  → This is a book **of which the** cover is black.
  → This is a book **whose** cover is black.

- I have a dog. + Its name is Happy.
  → I have a dog **whose** name is Happy.
  → I have a dog **of which the** name is Happy.

- The book is mine. + Its cover is black.
  → The book **whose** cover is black is mine.
  → The book **of which the** cover is black is mine.

3 which 선행사 + which + 주어 + 타동사(자동사 + 전치사)

- This is a book. + I bought it in Seoul.
  → This is a book **which** I bought in Seoul.

- I like a cat. + My friend gave it to me.
  → I like a cat **which** my friend gave to me.

- The book is difficult. + I bought it yesterday.
  → The book **which** I bought yesterday is difficult.

4 that의 용법 that(주격), that(목적격)은 선행사가 사람, 동물, 사물의 경우에 쓰인다.

1 that 선행사 + that + 동사

- I know a man **that** broke the window.
  I know a man **who** broke the window.

- I found the window **that** was broken in the room.
  I found the window **which** was broken in the room.

2 that 선행사 + that + 주어 + 동사

- I know a man **that** she loves.
  I know a man **whom** she loves.

- I found the window **that** the boy broke.
  I found the window **which** the boy broke.

5 that의 특별 용법 아래와 같은 수식어가 선행사를 수식할 경우 관계대명사 that을 쓴다.

1 선행사로 사람과 사물(동물)이 올 때
2 선행사 앞에 형용사의 최상급과 서수가 올 때
3 선행사 앞에 the only, the very, the same, all, no 등이 올 때

- I saw a **boy** and his **dog that** were running over there.
- This is the **best** book **that** he has.
- He is the **first** Korean **that** flew across the Pacific.
- This is the **very** man **that** I want to see.
- This is the **only** money **that** I have.
- This is the **same** watch **that** my father gave me.
- This is **all** the money **that** he has.
- There is **no** one **that** doesn't want to be loved by one's family.

관계대명사 that의 특징

TIP ❶ that은 선행사에 사람, 사물, 동물 모두가 올 수 있다.
  ❷ that은 who, whom, which 대신에 쓰일 수 있다.
  ❸ that은 소유격이 없다.

6 what의 용법　선행사를 포함하고 있다. what이 이끄는 절은 명사절이다. 해석은 '~ 것'이라고 한다. 관계대명사 what이 이끄는 명사절은 주어, 목적어, 보어로 쓰인다.

- **What** he said is true. ·· (주어)
- I understand **what** he said. ·· (목적어)
- This is **what** he said. ··· (보어)

7 〈전치사 + 관계대명사〉의 용법　관계대명사가 전치사의 목적어일 때 전치사를 관계대명사 앞에 놓아도 좋고, 문장의 맨 뒤에 놓아도 좋다.

- This is **the house**. + I live **in it**.
  - → This is the house **in which** I live.
  - → This is the house **which** I live **in**.

- I want a friend. + I play **with him**.
  - → I want a friend **with whom** I play.
  - → I want a friend **whom** I play **with**.

➡ 관계대명사 that 앞에는 전치사가 올 수 없지만 전치사가 문장 맨 뒤에 올 때는 올 수 있다.
- That is the chair **on that** he sat. (X)
- That is the chair **that** he sat **on**. (O)

8 관계대명사의 생략

1 타동사의 목적어인 경우
- This is the boy **whom** I met yesterday.
  - → This is the boy I met yesterday.

- This is the book **which** I bought in Seoul.
  - → This is the book I bought in Seoul.

2 전치사의 목적어의 경우
- This is a house **in which** I live.
  - → This is a house **in** I live. (X)
  - → This is a house I live **in**. (O)

159

9 관계대명사의 제한적 용법과 계속적 용법

1 관계대명사의 제한적 용법

① 관계대명사 앞에 콤마(,)가 없다.

② 관계대명사가 이끄는 형용사절은 선행사를 직접 수식하고 그 뜻을 제한한다.

③ 해석은 관계대명사의 뒷부분부터 먼저 한다.

2 관계대명사의 계속적 용법

① 관계대명사 앞에 콤마(,)가 있다.

② 선행사를 직접 수식하지 않고 선행사를 부가적으로 설명한다.

③ 해석은 앞에서부터 차례로 번역해 내려간다.

④ 관계대명사의 계속적 용법은 문장의 내용에 따라 관계대명사를 〈and, but, for, though + 대명사〉로 바꾸어 쓸 수 있다.

- He has two sons, **who** became teachers.
    → He has two sons, **and they** became teachers.

- This is a good book, **which** is difficult.
    → This is a good book, **but it** is difficult.

- I don't like the boy, **who** tells a lie.
    → I don't like the boy, **for he** tells a lie.

- I don't know the man, **whose** son lives near my house.
    → I don't know the man, **though his** son lives near my house.

➡ 관계대명사 that과 what은 관계대명사의 계속적 용법으로 쓸 수 없다.
- This is the first man that flew across the Pacific. (O)
- This is the first man, that flew across the Pacific. (X)

- I can't believe what he said. (O)
- I can't believe, what he said. (X)

Pattern Practice

1. I know a boy.   He is playing baseball.

2. I know a boy.   His father is a doctor.

3. I know a boy.   Jane likes him.

4. I know a book.   It was written by Miss Nam.

5. I bought a book.   Its cover is black.

6. I bought a book.   Mr. Kim wrote it two years ago.

7. The girl is busy.   I know her.

8. The girl is happy.   I met her at school.

9. The book is interesting.   I bought it in Seoul.

10. The house is beautiful.   It stands on the hill.

11. This is the first Korean.   He came to Hawaii.

12. This is the wisest man.   I know him.

13. This is the only friend.   I have him.

14. This is the same watch.   My father gave it to me last year.

15. The girl and her dog are running.   I want to see them.

16. This is the man who teaches us English.

17. I know a boy who is playing tennis.

18. The girl who is playing the violin is beautiful.

19. Do you know the boy whose father is an engineer?

20. I want to buy the book whose cover is black.

21. Look at the house of which the roof is red.

22. This is the boy whom I am looking for.

23. The book which you bought is very interesting.

24. The watch that she lost yesterday is very good.

25. I have a dog whose name is Mary.

26. This is the best book that I have.

27. Do you know what he said?

28. What she said is true.

29. He has three sons who became doctors.

30. He has three sons, who became doctors.

31. I want to buy the book, which is expensive.

32. I don't like her, who is not honest.

33. This is the house which Chanho lives in.

34. Do you know the girl I want to meet?

35. Please give me a chair which I can sit on.

영작 연습

1. 나는 야구를 하고 있는 소년을 안다.

2. 나는 아버지가 선생님인 소년을 안다.

3. 나는 그녀가 어제 만난 소년을 안다.

4. 방 선생님이 쓴 영어책은 어렵지 않다.

5. 나는 표지가 검은 책을 좋아한다.

6. 내가 산 책은 쉽다.

7. 이것이 그가 사는 집이다.

8. 그녀는 의사인 두 아들이 있다.

9. 나는 영어로 쓰여진 두 권의 책이 있다.

10. 당신은 우리에게 영어를 가르치는 사람을 압니까?

11. 누가 우리에게 영어를 가르칩니까?

12. 이름이 메리인 소녀를 압니까?

13. 나는 당신이 말한 것을 모른다.

14. 그는 김 교수님이 쓴 책을 샀다.

15. 김 교수님이 쓴 책은 재미있다.

연습문제

1. 다음 두 문장을 관계대명사를 활용하여 하나의 문장으로 만드시오.

(1) I don't know a man.   He teaches us English.

_____

(2) I don't know a man.   His son is a doctor.

_____

(3) I don't know a man.   She met him yesterday.

_____

(4) She bought a book.   It was written by him.

_____

(5) She bought a book.   Its price is expensive.

_____

(6) I bought a book.   I was looking for it.

_____

(7) The lady is beautiful.   She is drawing a picture.

_____

(8) The man is good.   I met him the other day.

_____

(9) The boy is honest.   His father is a doctor.

_____

(10) The first man is busy.   He began to work at first.

_____

(11) The door is open.   I closed it a few minutes ago.

_____

(12) The book is expensive.　　　　I bought it yesterday.

_____

(13) The book is mine.　　　　Its cover is black.

_____

(14) I know the lady.　　　　Her name is Judy.

_____

(15) I bought a watch.　　　　It was made in Korea.

_____

2. **다음 영문을 우리말로 옮기시오.**

(1)　He is the first Korean that flew across the Pacific.

(2)　Can you understand what I said?

(3)　Is this a boy whose father is a doctor?

(4)　I want to buy a car which was made in Korea.

(5)　I know the boy who is reading a book.

(6)　I know the boy whom she likes.

(7)　The book which was written by Shakespeare is difficult.

(8)　The car which was made in Korea is good and cheap.

(9)　I met the same man that told a lie.

(10) Loot at the house of which the roof is red.

(11) The house whose roof is red is my house.

(12) It isn't nice to have a house that is dirty.

(13) Everyone who could leave the city left in fear of the disease.

(14) The dying people, whose number began to grow, frightened the others.

(15) Do you know anyone who is really brave?

(16) He asked them to help the families who lived on Gates Street.

(17) The man who lived in the next house saw the little girl's family at work.

(18) You can take a fast bus down the new highway that runs from Seoul to Busan.

(19) You can see things that are very old and very new.

(20) What he said is true.

3. 다음 문장을 영작하시오.

(1) 이분은 영어를 말할 수 있는 분이다.

(2) 이분은 아들이 나의 친구인 분이다.

(3) 이분은 내가 만나기를 원하는 분이다.

(4) 이것은 쉽게 쓰여진 책이다.

(5) 이것은 표지가 검은 책이다.

(6) 내가 찾고 있는 사람은 브라운 씨이다.

(7) 영어책을 쓴 사람은 나의 선생님이다.

(8) 아들이 의사인 사람이 소설을 썼다.

(9) 한국에서 만들어진 그 자동차는 좋다.

(10) 나는 한국에서 만들어진 시계를 사고 싶다.

(11) 저것은 그가 사는 집이다.

(12) 그녀에게 앉을 의자를 주십시오.

(13) 나는 당신이 말한 것을 이해할 수 없다.

(14) 그녀가 말한 것은 사실이다.

(15) 당신은 그가 말한 것을 이해할 수 있습니까?

4. 다음 (   ) 안에서 알맞은 말을 고르시오.

(1) I know the girl (who, whose, whom) is playing the violin.

(2) I know the girl (who, whose, whom) name is Mary.

(3) I know the girl (who, whose, whom) Tom is looking for.

(4) I found the house (which, of which, whose) roof is red.

(5) I found the house (which, of which, whose) he was looking for.

(6) I found the house (which, of which, whose) stood on the hill.

(7) I don't know (which, who, what) he said.

(8) I don't know the first man (who, which, that) invented the radio.

(9) I don't have the house in (which, that, whose) I live.

(10) My hope is (that, what, which) I go to college.

(11) The book (which, whose, that) cover is black is mine.

(12) The book (which, whose, that) I want to buy is expensive.

(13) The book (which, that, whose) is written in English is difficult.

(14) The lady (who, whose, whom) teaches English is my sister.

(15) The lady (who, whose, whom) I want to see is his sister.

(16) The lady (who, whose, whom) brother is a doctor is my friend.

(17) This is the tallest building (which, that, whose) is in Seoul.

(18) He is the wisest man (who, that, whom) I know.

(19) This is the same watch (which, that, whose) I lost yesterday.

(20) This is the only money (which, that, whose) I have.

5. 다음 (   ) 안에 알맞은 관계대명사를 써 넣으시오.

(1) The man (   ) you saw yesterday is my uncle.

(2) He has a son (   ) name is Tom.

(3) I have a friend (   ) can speak English well.

(4) Look at the girl (   ) hair is very long.

(5) I don't know the boy (   ) I saw at school.

(6) Mr. Kim is a teacher (   ) all like.

(7) Is this the book (   ) you want?

(8) This book is (   ) I want to have.

(9) I will give you all the money (   ) I have.

(10) The first boy (   ) went there was Jack.

6. 다음 두 문장의 뜻이 같아지도록 (   ) 안에 알맞은 말을 써 넣으시오.

(1) I have a friend living in New York.

     I have a friend (   ) (   ) in New York.

(2) I have the book written by Mr. Kim.

     I have the book (   ) (   ) written by Mr. Kim.

(3) The book on the desk is mine.

     The book (   ) (   ) on the desk is mine.

7. 다음 두 문장을 한 문장으로 만들 때 맞는 것은?

(1) Look at the window. Its glasses were broken.

     (A) Look at the window which its glasses were broken.

     (B) Look at the window whose the glasses were broken.

     (C) Look at the window of which the glasses were broken.

     (D) Look at the window that glasses were broken.

(2) I have a friend. I will play with him.

     (A) I have a friend I will play with.

     (B) I have a friend with that I will paly.

     (C) I have a friend who I will play with.

     (D) I have a friend with who I will play.

영어단문 독해연습

75 New York is a wonderful city. It's full of interesting things and places. There are many broad streets with tall buildings.

Many people live in an apartment houses in New York. You can see people from many countries on the streets. You often come across people **who** cannot speak English.

(Notes) be full of: come across:

76   The next day Mr. Kim arrived in Busan. He stood in front of the bus stop and looked at his map. "The wedding hall should be near here," he said. He walked east and turned right at the traffic light. "The wedding hall should be here, but I can't see it." He went to a policeman **who** was standing on the street. He said to the policeman, "Would you please help me? I cannot find the Daewon Wedding Hall."

(Notes) in front of:

77   You watch big, tall buildings going up beside a wide, busy street. In the middle of a street is an old gate **that** has been there for five hundred years. Buses, cars, and trucks **that** Koreans now make every day are moving quickly around the gate.

(Notes) in the middle of:

78   When the family sat down to eat supper, he was even more surprised to find a cloth on the table. The family had never used a tablecloth before. "What is the cloth for?" he asked.

"We're going to be more tidy here," his wife said. "It isn't nice to have a house **that** is dirty when our daughter is so clean."

(Notes) What ~ for?:

79   During the next week, the man **who** lived in the next house saw the little girl's family at work. Then he started to paint his house for the first time in ten years.

(Notes) for the first time:

80 He went to see the important people in the city hall. He went to see important businessmen and the leaders of the churches and schools. He asked them to help the families **who** lived on Gates Street.

(Notes) He asked them to help the families.:

81 Do you know anyone **who** is really brave? Here is a story about some people **who** did one of the bravest things **that** had ever been done.

This story took place in 1664 in an English village called Eyam. While people were enjoying the pleasant summer weather that year, there was a fearful disease in London. It was called the Great Plague. Thousands of people died of the disease. Everyone **who** could leave the city left in fear of the disease. Unfortunately, however, they could not get away from the disease itself. It was carried by people into other parts of the country.

(Notes) die of: in fear of:

82 The people of Eyam learned this quickly. They said, "We'll not let others come here because they may bring the fearful disease."

But a man got some clothes from London one day. The disease was brought over to Eyam in the clothes.

The people in the village became sick and began to die one after another. The dying people, **whose** number began to grow, frightened the others in the village. They died by tens and twenties in a day. It was not possible to save the people.

(Notes) one after another: by tens and twenties:

83 A carpenter's wife spent most of her time wishing for things **which** she did not have. Often she would say; "I wish I were beautiful", "I wish I were rich" or "I wish I had a handsome husband."

(Notes) I wish I were ~:

Traveling in Korea is exciting. You see, feel, and touch (a) <u>things</u> (b) **that** <u>are not present in other countries.</u> (c) <u>You see things **that** are very old and things **that** are very new.</u>
(d) <u>You can take a fast bus down the new high way **that** runs from Seoul to Busan.</u> The bus is new, but (e) <u>but the sceneries of ancestral shrines and green, round tombs that you can see through the window is often hundreds of years old.</u> When you get hungry, you will be able to buy some foods such as rice cake or yeot(Korean hard taffy) at a rest stop. (f) A rest stop <u>has</u> not <u>been</u> in Korea for a <u>long time</u>, but rice cake and yeot have been here for centuries.
When you get off the bus, the fresh country air cools you and smells sweet and clean. In the late fall, hot chestnuts in the streets smell good and make you hungry.

1. 밑줄 친 (a)는 명사로서 관계대명사에게 수식을 받는 (   )라고 한다.

2. 밑줄 친 (b)는 관계대명사 (   )이 이끄는 (   )절이라고 한다.

3. 밑줄 친 (c)를 우리말로 옮기시오.

_____

4. 밑줄 친 (d)를 우리말로 옮기시오.

_____

5. 밑줄 친 (e)를 우리말로 옮기시오.

_____

6. 밑줄 친 (f)의 현재완료 용법과 같은 것은?

    (A) He has been to Korea.

    (B) He has been ill since last month.

    (C) He has been to the subway station.

    (D) He has gone to Korea.

Basic Conversation

Tom: What book is that, Insu?

Insu: It's the one which I told you about.

Tom: You mean the one about New York?

Insu: Yes, I'm reading the part that tells about Broadway.

Tom: Oh, I'm from New York.

Insu: Are you? I'd like to visit New York someday.

Tom: Well, after I return to New York next year, you can visit me there.

Insu: That's a good idea! New York is the place that I want to see most of all in America.

영어 회화연습

톰: 저것은 무슨 책이니, 인수?

인수: 내가 너에게 말해 준 책이야.

톰: 뉴욕에 관한 책을 말하는 거지?

인수: 그래, 나는 브로드웨이에 관한 부분을 읽고 있어.

톰: 오, 난 뉴욕에서 왔어.

인수: 그래? 난 언젠가는 뉴욕을 방문하고 싶어.

톰: 그래, 내가 내년에 뉴욕으로 돌아간 후에 거기를 방문해 줘.

인수: 그거 좋은 생각이다! 뉴욕은 미국에서 무엇보다도 보고 싶은 곳이야.

Chapter 14 명사와 관사

1. There are two **books** on the **desk**.
2. **My family** is a large one.
3. **Chanho** lives in **Seoul**.
4. **Happiness** is in **mind**.
5. Please give me a glass of **water**.
6. I saw a girl. **The** girl is his sister.

책상 위에 두 권의 책이 있다.
나의 가족은 대가족이다.
찬호는 서울에서 산다.
행복은 마음속에 있다.
나에게 물 한 잔 주십시오.
나는 한 소녀를 보았다. 그 소녀는 그의 여동생이다.

1 명사의 종류

1 보통명사 일정한 모양을 갖고 있는 생물과 사물의 이름이다. (가산명사)

boy, dog, tree, desk, name 등

→ 일정한 모양은 없어도 단위 구분이 확실한 명사는 보통명사로 본다.
day, week, month, year, hour 등

2 집합명사 사람과 사물의 집합체를 나타낸다. (가산명사)

family, class, people, fleet 등

TIP

집합명사와 군집명사의 구별

❶ 집합명사: 구성원 전체를 한 집합체로 보며 단수와 복수형이 있다.
　• My **family is** a large one.

❷ 군집명사: 구성원 하나하나에게 중점을 두며 항상 복수형이다.
　• My **family are** all busy.

3 고유명사 인명, 지명 등 특정한 이름을 나타내는 말이다. (불가산명사)

Chanho, Seoul, Korea, Venus 등

4 추상명사 눈에 보이지 않는 성질, 상태, 행위 등을 나타내는 말이다.

peace, love, happiness, kindness, life 등

5 **물질명사** 주로 일정한 형태가 없는 물질을 나타내는 말이다. (불가산명사)

water, milk, oil, rice, air, money, chalk 등

→ 물질명사는 셀 수가 없어서 수량을 나타낼 때 계량 단위와 전치사 **of**를 사용한다.

- a cup of coffee   two cups of coffee
- a glass of milk   two glasses of milk
- a piece of chalk   two pieces of chalk
- a sheet of paper   two sheets of paper
- a cake of soap   two cakes of soap

2 명사의 수

1 **규칙 변화** 명사의 어미에 −s나 −es를 붙인다.

① 단수형 어미에 −s를 붙인다.

book → book**s**   girl → girl**s**

② 어미가 s, sh, ch, x, o로 끝날 때 −es를 붙인다.

bus → bus**es**   brush → brush**es**

bench → bench**es**   box → box**es**

③ 〈자음 + y〉로 끝나면 y를 i로 바꾸고 −es를 붙인다.

baby → bab**ies**   lady → lad**ies**

④ 어미가 f(e)로 끝나면 f(e)를 v로 바꾸고 −es를 붙인다.

leaf → lea**ves**   knife → kni**ves**

2 **불규칙 변화**

man → men   woman → women

foot → feet   tooth → teeth

ox → oxen   child → children

fish → fish   sheep → sheep

TIP

명사의 복수 어미 −s나 −es의 발음

❶ 무성음 p, f, t, k, θ 뒤에서는 [s]로 발음된다.

stops [stɔ́ps], books [búks], roofs [rúːfs], mouths [máuθs]

❷ 유성음 뒤에서는 [z]로 발음된다.

girls [gə́ːrlz], boys [bɔ́iz], pens [pénz], beds [bédz]

❸ 마찰음 s, z, ʃ, tʃ, dʒ 뒤에서는 [iz]로 발음된다.

buses [bʌ́siz], dishes [díʃiz], boxes [bɔ́ksiz], benches [béntʃiz]

3 부정관사의 용법
관사에는 부정관사(a, an)와 정관사(the)가 있다. 관사는 항상 명사 앞에 쓰이는 일종의 형용사이다.

1 막연히 하나의 뜻, 이때에는 보통 우리말로 해석하지 않는다.
- This is **a** book.
- That is **an** apple.

2 하나(one)의 뜻으로 해석한다.
- There are seven days in **a** week.
- Rome was not built in **a** day.

3 어떤(a certain)의 뜻으로 해석한다.
- I met **a** Mr. Kim in the street.
- There lived **an** old man in the village.

4 같은(the same)의 뜻으로 해석한다.
- They are all of **an** age.
- The houses are all of **a** size.

5 a, an이 쓰이지 않는 경우
① 사람 이름 앞에는 부정관사(a, an)를 쓰지 않는다.
- He is Tom. (O) / He is a Tom. (X)

② 형용사만 있을 때에는 부정관사(a, an)를 쓰지 않는다.
- She is kind. (O) / She is a kind. (X)
- She is a kind girl. (O)

③ 복수 앞에는 부정관사(a, an)를 쓰지 않는다.
- This is a book. (O)
- There are books. (O)
- There are a books. (X)

TIP

a와 an의 용법
a는 발음상 자음 앞에, an은 모음(/a, e, i, o, u/) 앞에 쓰인다.

a book	an orange	a boy → an old boy
a European	an M.P.	an animal → a useful animal

4 **정관사의 용법** 정관사 the는 특정한 것을 가리킬 때 사용되고, 가산명사나 불가산명사 앞에 모두 쓰인다. 또 단수명사와 복수명사 앞에도 모두 쓰인다.

1 앞에 나온 명사가 다시 나올 때
- There is a pen on the desk. **The** pen is mine.

2 서로 알고 있는 것을 가리킬 때
- Will you open **the** window?

3 서수나 최상급의 형용사 앞에서
- Sunday is **the** first day of the week.
- Tom is **the** tallest boy in his class.

4 세상에서 유일한 것을 가리킬 때
- **The** sun is larger than **the** moon.

5 **정관사와 고유명사** 고유명사 앞에 the를 붙일 수 없지만 다음과 같은 경우 the를 붙인다.

1 관공서, 공공건물 앞에 **the** White House, **the** National Museum
2 강, 바다 이름 앞에 **the** Han River, **the** Pacific
3 신문, 잡지 이름 앞에 **the** New York Times, **the** Newsweek
4 연합국가 이름 앞에 **the** United States of America
the Union of Soviet Socialist Republic

6 **관사의 생략**

1 상대방을 부를 때
- **Waiter**, give me a glass of water.

2 운동, 식사 이름 앞에
- She plays **tennis** after school.
- She has **lunch** at twelve-thirty.

3 건물의 본래의 목적으로 쓰일 때
- I go to **school**. He goes to **church**.

4 교통수단을 나타낼 때
- I go to school by **bus**.

Chapter 14 명사와 관사

177

Pattern Practice

1. There is a book on the desk.

2. There are many books on the desk.

3. The book on the desk is mine.

4. The books on the desk are mine.

5. My class is large.

6. My class are all diligent.

7. Please give me a cup of coffee.

8. Would you like to have a glass of milk?

9. How many months are there in a ycar?

10. There are twelve months in a year.

11. There are many buses in the street.

12. The buses are crowded during the rush hour.

13. I bought a cake of soap at the supermarket yesterday.

14. I met a boy. The boy is her brother.

15. Will you close the door?

16. Shall I close the door?

17. He is the first Korean that flew across the Pacific.

18. He is the oldest boy in his class.

19. She plays the piano at home.

20. She plays table tennis after school.

21. She has breakfast at seven in the morning.

22. He goes to bed at ten at night.

23. My brother has studied in the United States of America.

24. The Han River is so beautiful.

25. A dog is a useful animal.

26. Dogs are useful animals.

27. The dogs are useful animals.

28. The earth goes round the sun.

29. Thank you very much for your kindness.

30. Please give me five sheets of paper.

영작 연습

1. 나는 가방에 5권의 책이 있다.

2. 나의 가족은 모두 바쁘다.

3. 행복은 마음속에 있다.

4. 분필 한 자루를 가져와라.

5. 나는 소녀를 보았다. 그 소녀는 찬호의 여동생이다.

6. 매우 덥구나. 창문을 열어줄래?

7. 조용히 해! 칠판을 보아라.

8. 월요일은 주의 둘째 날이다.

9. 톰은 자기 반에서 키가 제일 크다.

10. 한강은 서울에 있다.

11. 너는 아침을 몇 시에 먹니?

12. 나는 방과 후 야구를 한다.

13. 달은 밤에 매우 아름답다.

14. 그는 매일 아침에 버스로 학교에 간다.

15. 나의 여동생은 매일 저녁에 피아노를 친다.

1. 다음 영문을 우리말로 옮기시오.

(1) Would you like a glass of milk?

(2) We are all of an age. We have many friends.

(3) My father has been in the United States of America.

(4) An old man came here to see me.

(5) How many days are there in a week?

(6) Sometimes he left the sun to move about the earth among men.

(7) The person who was struck by a golden arrow would fall in love.

(8) He let the silver arrow fly and struck her with it.

(9) Daphne did not answer but ran away like a deer from the hunter.

(10) Daphne was no longer a young girl.

(11) Cupid was carrying his bow and looking for people to strike with his arrows of love.

(12) As soon as she said these words, she became a tree.

(13) Many people do not enjoy food shopping or deciding what to buy.

(14) The modern stores sell not only food but also everything that people could use in their homes.

2. 다음 문장을 영작하시오.

(1) 태양은 지구보다 더 크다.

_____

(2) 일요일은 주의 첫째 날이다.

_____

(3) 행복은 마음속에 있다.

_____

(4) 나의 가족은 모두 바쁘다.

_____

(5) 물 한 컵 주십시오.

_____

3. 다음 ( ) 안에 a, an, the를 써 넣으시오. 필요 없으면 ×표를 하시오.

(1) There is ( ) book on the desk.

(2) There is ( ) apple in the basket.

(3) There are ( ) lot of books in the library.

(4) There are ( ) lots of people in the park.

(5) ( ) book is on the table.

(6) Please look at ( ) blackboard.

(7) I bought ( ) car. ( ) car is very nice.

(8) We usually have ( ) lunch at twelve thirty.

(9) ( ) earth goes round the sun.

(10) She plays ( ) violin.

(11) He plays ( ) baseball.

(12) He is ( ) tallest boy in the class.

(13) I met him in ( ) afternoon.

(14) Please bring me ( ) cup of coffee.

(15) Would you like to meet ( ) Mr. Kim?

4. 다음 문장에서 잘못된 곳이 있으면 바르게 고치시오.

(1) I would like to have two glass of water.

_____

(2) My mother wants to go to the church.

_____

(3) My family is all busy.

_____

(4) I went to school by the bus.

_____

(5) I stayed at home for two hours.

_____

84 Apollo was the god of **the** sun, and he lived on the sun in **a** great palace. Sometimes he left the sun to move about **the** earth among men. Once when he was on such **a** trip, he met Cupid, the little love god. Cupid was carrying his bow and looking for people to strike with his arrows of love.

(Notes) move about:

85 Then Cupid rose into **the** air on his wings. He drew two magic arrows, one gold and one silver. **The** person who was struck by **a** golden arrow would fall in love. **The** silver arrow would make him mad.

(Notes) fall in love:

86 Cupid found Daphne, **the** daughter of King Peneus. He let the silver arrow fly and struck her with it. At once she became mad and ran into the forest and started hunting wild animals.

(Notes) at once:

87 Then Cupid put the golden arrow to his bow and shot Apollo with it. Apollo ran in pain to **the** woods. There he saw Daphne among the trees. She was running after the deer, and Apollo said, "She is the most beautiful woman in **the** world." Her hair was long, her eyes deep and lovely, and her body graceful.

(Notes) run after:

88 Apollo fell deeply in love with her. "Nymph," he cried. "Do not run away from me. I am Apollo, God of the Sun. My father is Jupiter."
Daphne did not answer and ran away like **a** deer from the hunter. She ran toward the river, **the** home of her father, and cried, "Oh, save me, Father, from **the** god of the sun."

(Notes) run away:

89 As soon as she said these words, she became **a** tree. Her hair became leaves and her arms branches. Her feet sank into the ground and became roots. Daphne was no longer a young girl. She became a laurel tree.

(Notes) no longer:

Many years ago in America, people went food shopping in different stores. They bought meat in one store, bread in a second, and fruit and vegetables in a third store. They had to spend (a) a lot of time shopping, and they came home with (b) a lot of packages.

Food shopping is more convenient today. If people do not have time to make lunch, they can buy a sandwich at a convenience store. If they want (c) to cook a delicious dinner or buy enough food for the whole week, they can go to a supermarket. These big, modern stores sell (d) not only food but also everything that people could use in their homes.

Many different companies often make similar products, and some shoppers have trouble choosing which to buy. "Should I buy the instant noodles with beef or the kind with pork?" (e) Making decision is not always easy.

Many people do not enjoy food shopping or deciding what to buy. They prefer to eat at a fast-food restaurant. Such a person may look at the menu and say: "I'd like a large hamburger, french fries, and a coke."

1. 밑줄 친 (a)와 (b)를 영어 단어 하나로 표기하시오.

　(a): 　　　　　　　　　　　(b):

2. 밑줄 친 (c)의 용법과 같은 것은?

　(A) It is pleasant for us to cook in the kitchen.

　(B) Is there anybody to cook lunch?

　(C) My sister came earlier to cook lunch.

　(D) I was happy to cook lunch for myself.

3. 밑줄 친 (d) not only ~ but also 구문으로 단문을 하나 만드시오.

_____

4. 밑줄 친 (e)를 우리말로 옮기시오.

_____

Basic Conversation

Tom: How do you feel today, Jane?

Jane: I don't feel good.

Tom: Did you take any medicine?

Jane: Yes, I did. I took some medicine before lunch.

But I still don't feel very good.

Tom: Did you drink much water today?

Jane: Yes, I drank a lot of water today. I also drank some tea.

Tom: Did you eat any apples?

Jane: Yes. An apple a day keeps the doctor away.

영어 회화연습

톰: 오늘 기분이 어떠니, 제인?

제인: 좋지 않아.

톰: 약 먹었니?

제인: 응, 먹었어. 난 점심 전에 먹었어.

     그러나 아직도 기분이 아주 좋지 않아.

톰: 오늘 물 많이 마셨니?

제인: 응, 난 오늘 물 많이 마셨어. 나는 차도 좀 마셨어.

톰: 사과 좀 먹었니?

제인: 응. 하루에 사과 하나가 의사를 멀리하게 해주잖아.

Chapter
15 접속사

1. He **and** I are good friends.
2. I know **that** he is honest.
3. **When** I grow up, I'll be a teacher.
4. I was absent yesterday **because** I was sick.
5. If it is fine tomorrow, I'll go on a picnic.
6. **As soon as** he saw me, he ran away.

그와 나는 좋은 친구들이다.
나는 그가 정직하다는 것을 안다.
나는 자라서 교사가 되겠다.
나는 아팠기 때문에 어제 결석했다.
내일 날씨가 좋다면, 나는 소풍을 가겠다.
그는 나를 보자마자 도망쳤다.

1 등위접속사 and, or, but, so, for

- Tom **and** I are kind to them.

  Study hard, **and** you'll succeed.

- Tom **or** I am kind to them.

  Study hard, **or** you'll fail.

- He is not honest, **but** diligent.

- It was raining outside, **so** I stayed at home.

- I don't like him, **for** he tells a lie.

2 종속접속사 that, if

- He said **that** he was busy.

- I don't know **if** he is busy.

3 종속접속사 when, while, after, before, till

- **When** it rains, you'd better stay at home.
- **While** I was walking in the street, I met Mr. Brown.
- **After** he had finished the work, he watched TV.
- **Before** I go to bed, I wash my face and hands.
- I will wait for you **till** he comes back.

4 종속접속사 because, as

- I cannot go to the party **because** I am very busy.
- **As** I am tired, I want to go to bed early tonight.

5 종속접속사 if, though

- **If** you are tired, you had better take a rest.
- **Though** he is poor, he is always happy.

6 종속접속사 as ~ as, as soon as, so that ~ may/can

- He is **as** tall **as** his friend.
- **As soon as** he finished his homework, he went out.
- He got up early **so that** he **might** catch the first bus.

Pattern Practice

1. She and I are good friends.

2. She or I am a good friend.

3. Both he and I are right.

4. Either he or I am right.

5. Neither he nor I am right.

6. Get up early, and you'll get on the first bus.

7. Get up early, or you can't get on the first bus.

8. I can speak English, but he can't.

9. I am not a doctor, but a teacher.

10. I know that she was a doctor.

11. It is true that she lied about herself.

12. I don't know if he will leave Seoul.

13. I don't know whether she is wrong or not.

14. I stood up when he came into the room.

15. Don't make a noise while I am studying.

16. Watch TV after you finish your homework.

17. I'll be at the National Museum before he arrives there.

18. You must do your homework until I come home.

19. I was late for the meeting because it was raining.

20. I was late for school, for it was raining.

21. As it was raining, I was late for the party.

22. Why were you late for school?

23. Because the traffic was crowded.

24. If it rains tomorrow, I will not go on a picnic.

25. Though he lives in an apartment, I don't know him.

26. She is as beautiful as my mother.

27. She is not so beautiful as my mother.

28. As soon as I came back home, I did my homework.

29. As soon as I came back home, I washed my hands.

30. She got up early so that she might not be late for the office.

영작 연습

1. 엄마와 나는 행복하다.

2. 그녀나 당신은 친절한 의사이다.

3. 열심히 일하라. 그러면 당신은 성공할 것이다.

4. 열심히 일하라. 그렇지 않으면 당신은 성공하지 못할 것이다.

5. 나는 영어로 말할 수 없다. 그러나 나의 아버지는 영어를 매우 잘 하실 수 있다.

6. 나는 예쁘지 않고, 키가 크다.

7. 나는 그녀가 선생님이었다는 것을 몰랐다.

8. 나는 그가 곧 올는지 모르겠다.

9. 비가 올 때 밖에 나가지 말아라.

10. 그가 이곳에 도착할 때까지 나는 그를 기다려야 한다.

11. 내일 비가 오지 않는다면, 나는 너와 같이 소풍을 가겠다.

12. 그녀는 나를 보자마자 깜짝 놀랐다.

13. 톰은 잭만큼 키가 크다.

14. 제가 공부를 하고 있는 동안에, TV를 꺼주세요.

15. 나는 그를 만나기 위해서 일찍 일어났다.

1. 다음 영문을 우리말로 옮기시오.

(1) Either he or I am wrong.

(2) Neither she nor you are wrong.

(3) My father can speak both English and French.

(4) She can play the violin, but her sister can't.

(5) He is not a doctor, but a teacher.

(6) Work hard, and you will succeed.

(7) Work hard, or you will fail.

(8) I don't know if he will leave Seoul.

(9) I will go out if it is fine tomorrow.

(10) I don't know when he will arrive here.

(11) They stood up when she came in.

(12) Christmas is the day when Jesus was born.

(13) Farnsworth's lawyer first showed that Philo had not seen or heard from his teacher since his school days in Rigby.

(14) I suppose the first drawing that I ever made of television was in 1922.

2. 다음 문장을 영작하시오.

(1) 나는 그가 의사였다는 것을 몰랐다.

_____

(2) 나는 그녀가 어디에서 살고 있는지 모른다.

_____

(3) 당신은 누가 그를 좋아하는지 압니까?

_____

(4) 나의 어머니는 당신의 어머니만큼 아름답다.

_____

(5) 당신과 나 둘 다 바쁘다.

_____

3. 다음 밑줄 친 접속사에 유의해서 우리말로 옮기시오.

(1) I know <u>when</u> he will start.

(2) She was very beautiful <u>when</u> she was young.

(3) Do you know the day <u>when</u> he was born?

(4) I don't know <u>if</u> he is honest.

(5) I want to meet him <u>if</u> he is free.

(6) This is the book <u>that</u> I want to read.

(7) I think <u>that</u> he was busy then.

4. 다음 (   ) 안에 알맞은 말을 써 넣으시오.

(1) Either he or I (   ) right.

(2) Neither she (   ) you are good friends.

(3) Both you (   ) I are good friends.

(4) Work hard, (   ) you will fail.

(5) Work hard, (   ) you will succeed.

(6) As soon (   ) he saw me, he ran away.

(7) He got up early so that he (   ) catch the first bus.

(8) She is as beautiful (   ) her sister.

5. 다음 두 문장의 뜻이 같아지도록 (   ) 안에 알맞은 말을 써 넣으시오.

(1) He is rich, but he works very hard.

(   ) he is rich, he works very hard.

(2) As I was tired, I went to bed early tonight.

I was tired, (   ) I went to bed early tonight.

(3) I didn't go out because of the rain.

I didn't go out, (   ) it rained.

90 A New York inventor named Vladimir Zworykin was also working on television. Only the Patent Office knew **that** both were working on the same invention. Very soon the Patent Office asked the two men to come to Washington for a hearing.

(Notes) inventor named Vladimir Zworykin:

91 Philo knew **that** he had started his work years earlier.

"I suppose the first drawing **that** I ever made of television was in 1922," Philo told his lawyer.

"Can you bring that drawing to the hearing?" his lawyer asked.

"It was made on a blackboard one day after school."

"Did anyone else see it?"

"Yes, my teacher, Justin Tolman," answered Philo.

Thus search for Tolman began. At last he was found.

(Notes) at last:

92 The hearing was held in Washington. Farnsworth's lawyer first showed that Philo had not seen or heard from his teacher **since** his school days in Rigby. Then the lawyer said, "Mr. Tolman, I want you to remember the time **when** Philo was a student of yours. Did he ever tell you of an invention called television?"

"He did."

"Can you remember **what** Philo told you about that invention?"

(Notes) be held:

93 "Yes," Tolman said in a low voice. He stood up and went to a blackboard. On it he put the same drawing **that** Philo had made years before on the blackboard in the classroom at Rigby. Because Tolman remembered everything **that** Philo had told him, the patent rights to television were given to Philo Farnsworth.

(Notes) the same ~ that:

영어장문 독해연습

Everyone has heard of the 'Braille' system of reading for (a) <u>the blind</u>. But (b) <u>few people know</u> <u>**why**</u> it is called the Braille system or who Louis Braille was.

In 1812, Louis Braille was a very small boy. He lived in a small town in France. His father had a small shop **where** he made things of leather. One day Louis was playing in his father's shop **and** picked up a small tool with a very sharp point. He fell and the point of the tool entered his eye, **and** later he became blind in both eyes.

A few years later Louis went to a special school for the blind in Paris. There he learned to read. (c) <u>That is,</u> he learned to recognize the twenty-six letters of the alphabet by feeling them with his fingers. The letters were several inches high and several inches wide.

1. 밑줄 친 (a)를 다른 말로 표현하면?

   _____

2. 밑줄 친 (b)를 우리말로 옮기시오.

   _____

3. 밑줄 친 (c)를 우리말로 옮기시오.

   _____

4. 다음 질문에 우리말로 답하시오.

   (1) In what country did Louis Braille live?

   _____

   (2) What was Louis' father's job?

   _____

   (3) What school did Louis go to?

   _____

   (4) Why did Louis become blind?

   _____

Basic Conversation

Junho: Chanho, we were both born in the country. Now you go to school in Seoul.
           Do you like life in a big city?

Chanho: Yes, I do. You can meet a lot of people in a big city.

Junho: I don't know. There are too many people in Seoul.
           It's so noisy. The streets are busier, and there are too many cars.

Chanho: But life in a big city is more convenient. Everything is better here.

Junho: But everything is more expensive in Seoul.

Chanho: Not everything. Do you see my new shirt over there?
           It didn't cost very much. Some things, like television and clothes, are cheaper.
           I like Seoul. I'm happier here.

Junho: Maybe the happiest people live in the country.

영어 회화연습

준호: 찬호야, 우린 시골에서 태어났어. 이제 너는 서울에 있는 학교에 가려고 하지.
　　　너는 큰 도시 생활이 좋니?

찬호: 그래, 좋아. 넌 큰 도시에서 많은 사람들을 만날 수 있어.

준호: 난 모르겠어. 서울에는 너무 많은 사람들이 있어.
　　　너무 시끄러워. 거리들은 더 붐비고, 차들은 너무 많아.

찬호: 그러나 큰 도시 생활은 더 편리해. 여기는 모든 것이 훨씬 좋아.

준호: 그러나 서울에는 모든 것이 더 비싸.

찬호: 모든 것이 그렇지는 않아. 저기 내 새 셔츠 있지?
　　　그건 비싸지 않아. 텔레비전과 옷 같은 어떤 것들은 값이 더 싸.
　　　나는 서울을 좋아해. 나는 여기에서 더 행복해.

준호: 아마도 가장 행복한 사람들은 시골에서 사는 사람들일 거야.

Chapter 16 전치사

1. I get up **at** seven **in** the morning.
2. I was born **on** September 16th, 2004.
3. I met Junho **at** the subway station.
4. He has lived **in** Seoul **for** ten years.
5. I wrote a letter **in** ink.
6. She is proud **of** her son.

나는 아침 7시에 일어난다.
나는 2004년 9월 16일에 태어났다.
나는 지하철에서 준호를 만났다.
그는 서울에서 10년 동안 살아왔다.
나는 잉크로 편지를 썼다.
그녀는 자기 아들을 자랑스럽게 여긴다.

전치사는 명사, 대명사 앞에 놓여 형용사구와 부사구를 만든다.

1 시간을 나타내는 전치사

1 at, on, in

- **at**: 시간, 시점
- **on**: 날짜, 요일
- **in**: 월, 계절, 년

He goes to bed **at** ten **at** night.
She goes to church **on** Sunday.
We have much rain **in** summer.

2 for, during

- **for**: ~ 동안 (숫자)
- **during**: ~ 동안 (기간)

I will stay here **for** two weeks.
I stayed in Busan **during** the vacation.

3 by, till

- **by**: ~까지 (완료)
- **till**: ~까지 (계속)

I'll be back **by** seven in the evening.
I'll wait for you **till** six.

4 from, since

- **from**: ~부터 (기점)
- **since**: ~ 이래 (경과)

I lived in Seoul **from** 2015 till 2020.
I have lived here **since** 2015.

5 in, within

- **in**: ~ 지나서 (경과)
- **within**: 이내에 (기간 내)

You must be back **in** an hour.
I'll finish my work **within** a month.

2 장소를 나타내는 전치사

1 at, in

- **at**: ~에 (좁은 장소)　　　　　　You must get off **at** Seoul Station.
- **in**: ~에 (넓은 장소)　　　　　　I was born **in** New York.

2 on, beneath, over, under, above, below, up, down

- **on**: ~ 위에　　　　　　　　There is a book **on** the desk.
- **beneath**: ~ 밑에　　　　　There was a dead bug **beneath** my right foot.
- **over**: ~ 위에　　　　　　　There is a bridge **over** the river.
- **under**: ~ 아래에　　　　　There is a boy **under** the tree.
- **above**: ~ 위쪽에　　　　　The sun has risen **above** the mountain.
- **below**: ~ 아래쪽에　　　　The sun is sinking **below** the mountain.
- **up**: ~ 위로　　　　　　　　Please stand **up**.
- **down**: ~ 아래로　　　　　Please sit **down**.

3 in, into, out of

- **in**: ~ 안에 (정지)　　　　　　He is **in** the living room.
- **into**: ~ 안으로 (동작)　　　　He went **into** the room.
- **out of**: ~ 밖으로 (동작)　　　He went **out of** the room.

4 between, among

- **between**: ~ 사이에 (둘)　　　I sat **between** Tom and Jack.
- **among**: ~ 사이에 (셋 이상)　　I sat **among** them.

5 to, for, toward

- **to**: ~에 (도착 지점)　　　　　I go **to** school.
- **for**: 향하여 (목적지)　　　　　I leave **for** Busan tomorrow.

6 round, around

- **round**: ~ 주위를 (동작)　　　The earth goes **round** the sun.
- **around**: ~ 주위에 (상태)　　　Children sat **around** an old man.

3 기타의 전치사

1 with, by

- **with**: ~을 가지고 (도구)　　　Please cut bread **with** a knife.
- **by**: ~로 (교통수단)　　　　　He goes to school **by** bus.

Pattern Practice

1. My car starts for Busan at six in the morning.

2. English Speech Contest was held on August 10th.

3. Our meeting will be held in August.

4. My brother was born in 1998.

5. I want to stay in my uncle's for two weeks.

6. Do you have any plan to go to the sea during your summer vacation?

7. Can you be back by six in the evening?

8. I can't wait for him till eleven at night.

9. My uncle works hard from morning till night.

10. His uncle works hard from one to five in the afternoon.

11. The work will be finished in five months.

12. You have to do your homework within an hour.

13. His father has been in America.

14. Let's meet at Sillim Subway Station.

15. Loot at the dog over there.

16. There is a cat under the table.

17. Tom looked out of the window.

18. Ice is changed into water by heat.

19. I saw him running toward the hill.

20. They sat around the table.

21. He was walking along the road.

22. I swam across the Han River last year.

23. They went through the jungles.

24. You have to brush your teeth before breakfast.

25. Please come this way after me.

26. My brother is afraid of the dog.

27. Butter is made from milk.

28. Desks are made of wood.

29. What are you looking for?

30. I am interested in studying English.

영작 연습

1. 나는 2005년 3월 27일에 서울에서 태어났다.

2. 나는 5일 동안 동경에 머물 예정이다.

3. 나의 아버지는 2010년 이래 줄곧 서울에서 살았다.

4. 나는 너를 밤 11시까지 기다리겠다.

5. 탁자 위에 전화가 있다.

6. 한강 위에 많은 다리들이 있다.

7. 너는 이 책을 3일 이내에 다 읽어야 한다.

8. 너는 아침부터 밤까지 무엇을 하고 있니?

9. 큰 나무 아래 어떤 노인이 있었다.

10. 많은 기차들이 하루에 그 터널을 지나갔다.

11. 나는 나의 여동생을 자랑스럽게 여긴다.

12. 나는 지금 책방에서 책 한 권을 찾고 있는 중이다.

13. 너는 학교에 버스로 가니 걸어가니?

14. 자기 전에 이를 닦아야 한다.

15. 치즈는 우유로 만들어진다.

1. **다음 영문을 우리말로 옮기시오.**

   (1) I am going to stay for a month.

   (2) Where will you go during this summer vacation?

   (3) By what time can you be back?

   (4) He has taught English at this school since 2018.

   (5) Water is changed into steam by heat.

   (6) Chairs are made of wood and steel.

   (7) Wine is made from grapes.

   (8) You must finish this work in an hour.

   (9) He was born on September 16, 1995.

   (10) She was born in January.

   (11) He flew across the Pacific last year.

   (12) The moon goes round the earth.

   (13) He cut the birthday cake with a knife on his birthday.

   (14) She saw me walking toward downtown.

   (15) You have to brush your teeth before going to bed.

2. **다음 문장을 영작하시오.**

   (1) 그는 큰 나무 아래에 앉아 있었다.

   _____

   (2) 나는 아침 7시에 버스로 학교에 간다.

   _____

   (3) 당신은 무엇을 찾고 있습니까?

   _____

3. 다음 ( ) 안에서 알맞은 전치사를 고르시오.

(1) I went (at, to, on) school yesterday.

(2) I was (at, to, on) school the day before yesterday.

(3) He went home (by, in) bus.

(4) She went to the park (by, in) a bus.

(5) I will wait here (by, till) six in the evening.

(6) I will be here (by, till) seven in the evening.

(7) I am going to stay in Seoul (for, during) two weeks.

(8) He is going to stay in the country (for, during) summer vacation.

(9) He was born (in, on) March 27.

(10) He was born (in, on) March.

(11) He goes to bed at ten (at, on) night.

(12) I have lunch at school (at, on) noon.

(13) She has dinner at home (at, on) seven.

(14) I have lived in Seoul (from, since) 2010.

(15) I lived in Busan (from, since) 2005 till 2019.

4. 다음 (   ) 안에 알맞은 전치사를 써 넣으시오.

(1) I go (   ) school (   ) seven (   ) the morning.

(2) I walked (   ) here (   ) his home.

(3) He studied hard (   ) six (   ) night.

(4) He arrived (   ) New York (   ) 2019.

(5) I met him (   ) the airport.

5. 다음 문장에서 잘못된 곳이 있으면 바르게 고치시오.

(1) We have much snow at winter.

(2) I am looking at for a boy.

(3) They sat round the table.

(4) I sat among Jane and Mary.

(5) I wrote a letter with ink.

94 Many people have dreamed **about** the future. One man, however, did more than dream. He made his dreams come true. **At** the same time, he also made millions of people happy. Everyone knows this man's name today. It was Walt Disney.

(Notes) at the same time:

95 Disney's greatest dream was to built a city. It would not be like any other city **in** the world. Living in the city would be like living **in** the future.

(Notes) in the future:

96 What does Disney's dream city look like? It is very large. People work in one part **of** it and live in another. Some go shopping in electric cars and buses. Others ride to work **on** a train that has no wheels and makes no noise.

(Notes) look like

97 When you come home **in** the evening, you do not open your front door with a key. You put a special card in a hole next to the door, and it opens **by** itself. When you walk into a room, the lights turn on by themselves and turn off again when you leave.

(Notes) by itself: turn on:

98 Everything in the house is controlled **by** a computer. If you want to eat breakfast **at** six thirty, you just tell the computer. When you get up in the morning, your coffee, toast, and eggs will be ready.

(Notes) be ready:

99 Like Disney's other dreams, this one has already come true. It is sad, however, that Disney himself did not live long enough to see it. Epcot, Disney's city **of** the future, opened at Disney World in Florida in 1982. Thousands **of** people live and work there, and millions of others visit Epcot every year.

(Notes) thousands of people:

Later he became a teacher in this same school. He wanted very much to find a better system **of** (a) <u>reading</u> **for** the blind, but it was not easy. Then one day he was sitting in a restaurant **with** a friend. The friend was (b) <u>reading</u> the newspaper to Louis. He read a story about a system of writing (c) <u>which</u> soldiers could use in the dark. (d) <u>It was invented by a French captain.</u> In this "night writing" the captain used a system of dots and dashes. The dots and dashes were raised on the paper so that a person (e) <u>could</u> feel them with his fingers. When Louis heard about it, he became very excited.

1. 밑줄 친 (a)와 (b)의 용법은 서로 다르다. 위 문장 속에서 같은 용법을 찾아 쓰시오.

 ① (a)와 같은 용법: _____

 ② (b)와 같은 용법: _____

2. 밑줄 친 관계대명사 (c)의 선행사는?

 _____

3. 밑줄 친 (d)의 능동태는?

 _____

4. 밑줄 친 (e)와 바꿔 쓸 수 있는 단어는?

 _____

5. 다음 영문을 우리말로 옮기시오.

 The dots and dashes were raised on the paper so that a person could feel them with his fingers.

 _____

6. 다음 질문에 영어로 답하시오.

 (1) Who invented "night writing?"

 _____

 (2) Where did Louis hear about "night writing?"

 _____

 (3) Who used "night writing?"

 _____

Basic Conversation

Tom: I'm going to go to a basketball game. I have three tickets.

Can you go?

Jack: When is the game?

Tom: It's tomorrow.

Jack: Of course, I can go. Who will use the third ticket?

Tom: I'm going to ask John. He likes basketball.

Tom: Will you and John play basketball this afternoon?

Jack: Yes, we will. We're going to play in the back of the house.

Tom: Can I play, too?

Jack: Of course, you can.

영어 회화연습

톰: 난 농구 경기에 갈 예정이야. 난 표가 3장 있어.
　　너 갈 수 있니?
잭: 경기가 언제인데?

톰: 내일이야.
잭: 물론, 난 갈 수 있어. 누가 세 번째 표를 쓰게 될까?

톰: 난 존에게 물어보려고 해. 존은 농구를 좋아하거든.

톰: 너와 존은 오늘 오후에 농구할 거니?
잭: 응, 그래. 우린 집 뒤에서 경기할 예정이야.

톰: 나도 할 수 있니?
잭: 물론, 할 수 있어.

Chapter 17 부사

1. I will go on a trip **next year**.
2. She ran **very** fast.
3. He **usually** goes to school by bus.
4. Please turn the radio **off**. / Please turn it **off**.
5. **When** is your birthday?
6. I don't know the day **when** he was born.

나는 내년에 여행을 가겠다.
그녀는 매우 빨리 달렸다.
그는 보통 버스로 학교에 간다.
라디오를 꺼 주십시오. / 그것을 꺼 주십시오.
당신의 생일은 언제입니까?
나는 그가 태어난 날을 모른다.

부사는 동사, 형용사, 부사를 수식하는 말로 단순부사, 의문부사, 관계부사가 있다.

1 단순부사 동사, 형용사, 부사 등을 수식한다.

1 시간부사 문장의 끝이나 동사 뒤에 온다. today, tomorrow, yesterday, this year, next month 등
- I met my teacher at the supermarket **yesterday**.

2 장소부사 문장의 끝이나 동사 뒤에 온다. here, there, back, before, behind 등
- You must come **back here** by seven in the evening.

3 방법부사 문장의 끝이나 동사 뒤에 온다. fast, hard, quickly, slowly 등
- He studies English **hard**.

4 정도부사 수식하는 말 앞에 온다. very, much, little, well 등
- She is **very** pretty.
- She is **much** prettier than I.
- It is **very** interesting.
- I am **much** interested in it.

5 빈도부사 일반동사 앞에, be동사, 조동사 뒤에 온다. always, often, usually, sometimes, seldom, never 등
- She is **always** happy when she sees me.
- She **often** plays table tennis after school.

2 의문부사 의문을 나타내는 말이다.

- **When** do you go to school? I go to school **at eight in the morning**.
- **Where** does he live? He lives **in Seoul**.
- **How** did she go to school? She went to school **by bus**.
- **Why** didn't you do your homework? **Because** I was sick yesterday.

3 관계부사 〈접속사 + 부사〉의 역할을 하는 부사로 형용사절을 이끈다.

- Can you remember the day **when** Korean War broke out?
  → Can you remember the day **on which** Korean War broke out?

- I am looking for the house **where** he was born.
  → I am looking for the house **in which** he was born.

- I will tell you the way **that** I make a doll.
  → I will tell you the way **in which** I make a doll.

- Can you tell me the reason **why** you left New York?
  → Can you tell me the reason **for which** you left New York?

Chapter 17 부사

4 주의해야 할 부사

1 〈타동사 + 부사〉가 동사구로 결합될 때

- Pick the pencil up. (O)
  Pick up the pencil. (O)

- Pick it up. (O)
  Pick up it. (X)

- Turn the light on. (O)
  Turn on the light. (O)

- Turn it on. (O)
  Turn on it. (X)

2 too는 긍정문, 의문문에, either는 부정문에 사용된다.

- He likes music. / I like music, too.
- She likes music. / Do you like music, too?
- He doesn't like music. / I don't like music, either.

3 already는 긍정문에, yet는 부정문과 의문문에 사용된다.

- I have **already** finished the work.
- I have not finished the work **yet**.
- Have you finished the work **yet**?

Pattern Practice

1. I want to see you tomorrow.

2. I went to the library last week.

3. You'd better go there soon.

4. He walked slowly.

5. He read the book slowly.

6. He is very good.

7. He is much better than you.

8. The news was very surprising.

9. She was much surprised at the news.

10. Do you often play baseball?

11. I have never seen such a big bear.

12. She was sometimes walking along the road.

13. She sometimes walked along the road.

14. When does your school begin?

15. My school begins at nine in the morning.

16. Where did your father buy the watch?

17. He bought it in Hong Kong.

18. How did you go to Busan?

19. I went to Busan by train.

20. Why were you late for school yesterday?

21. Because I was sick and overslept.

22. I remember the day when I first met you.

23. I like the village where I was born.

24. Please take off your hat in the room.

25. Please take it off in the room.

26. Put your coat on when it is cold.

27. Put it on when it is cold.

28. Breakfast is already prepared.

29. Is breakfast ready yet?

30. Breakfast is not ready yet.

영작 연습

1. 그는 내일 날 만나기를 원한다.

2. 나는 매우 빨리 걸었다.

3. 책을 너무 빨리 읽지 말아라.

4. 그는 키가 매우 크다.

5. 그는 톰보다 훨씬 더 크다.

6. 당신은 그녀를 자주 만납니까?

7. 아니오, 나는 그녀를 가끔 만납니다.

8. 나의 어머니는 항상 바쁘시다.

9. 너는 숙제를 언제 했니?

10. 우리가 처음 만난 날을 기억하니?

11. 준호야, 그것 좀 집어줘.

12. 너는 왜 일찍 자니?

13. 나는 어제 매우 늦게 잤기 때문이야.

14. 그 일을 벌써 마쳤니?

15. 아니, 그녀는 아직 그 일을 마치지 못했어.

연습문제

1. 다음 영문을 우리말로 옮기시오.

(1) He can play baseball well.

(2) She can play the piano better.

(3) I can play the violin best.

(4) The book is very interesting.

(5) I am much interested in the book.

(6) This English book is very good.

(7) This English book is much better than that one.

(8) He always drinks cold water every morning.

(9) He is always happy when he meets his old friend.

(10) She swims well in the pool.

(11) She speaks English well in her office.

(12) Please pick up the pencil.

(13) Please pick it up.

(14) Have you done your homework yet?

(15) No, I have not done my homework yet.

2. 다음 문장을 영작하시오.

(1) 당신의 생일은 언제입니까?

_____

(2) 당신은 언제 학교에 갑니까?

_____

(3) 당신은 그가 태어난 날을 압니까?

_____

(4) 엄마는 나의 남동생이 태어났을 때 매우 기뻐했다.

_____

(5) 나는 그가 언제 서울을 떠날지 모르겠다.

_____

3. 다음 ( ) 안에서 알맞은 말을 고르시오.

(1) The work has not finished (yet, already).

(2) I have (already, yet) finished my work.

(3) The game was (very, much) exciting.

(4) He is (very, much) taller than I.

(5) He walked to school (slow, slowly).

(6) I went to school (by, in) a bus.

(7) He was born (in, on) January 27, 2005.

(8) We have much rain (in, on) June.

(9) Can you remember the day (when, where) you first met me?

(10) I know the village (when, where) he was born.

4. 다음 문장에서 잘못된 곳이 있으면 바르게 고치시오.

(1) He walks usually to school.

(2) He studies hard English.

(3) She often is idle at home.

(4) Please take it off.

(5) I have not finished the work already.

(6) He likes music. I like music, too.

(7) She doesn't like to play the piano. I don't like, too.

(8) Turn on the light.

(9) I was very surprised at the news.

(10) I studied hard from morning to night.

5. 다음 두 문장의 뜻이 같아지도록 ( ) 안에 알맞은 말을 써 넣으시오.

(1) This is the day when Korean War broke out.

This is the day ( ) ( ) Korean War broke out.

(2) This is the house where he has lived for ten years.

This is the house ( ) ( ) he has lived for ten years.

100 Hundreds of years **ago**, life was **much** harder than it is today. People did not have modern conveniences like electricity or airplanes. There was no modern medicine, **either**. When people got sick, they usually stayed in bed under warm blankets and drank lots of hot soup or tea.

(Notes) much + 비교급:

101 Life **today** has brought new problems. One of the biggest is pollution. Water pollution has made our rivers and lakes brown and muddy. It kills our fish and affects our drinking water. Noise pollution makes us talk louder and become angry more easily. It **also** hurts our ears. Air pollution, however, is the most serious kind of pollution. It affects every living thing in the world.

(Notes) Noise pollution makes us talk louder.:

102 Cars, planes, and factories **all** pollute our air every day. Sometimes the pollution is so thick that it is like a blanket over a city. This kind of blanket is called smog. Smog is a new English word. It becomes from the two words "smoke" and "fog."

(Notes) so ~ that:

103 Many countries are making new laws to fight pollution. Factories must now clean their water before it is thrown away; they also cannot blow the dirty smoke into the air. More and more cars are **now** using gas without lead in it.

(Notes) throw away:

104 Many other things need to be done, however. We can all help. We can use paper bags, not plastic ones. We can keep old cans, paint them, and plant flowers in them. We can put trash in the trash can, and not throw it on the ground. We can go to work **by bus** or with our friends in the same car. If there are fewer people driving, there will be less pollution and better traffic.

(Notes) less pollution:

Once Louis spoke before a group of people. (a) <u>He showed them how he could write almost as fast as someone could read to him.</u> Then he read back easily what he had written. But the people did not believe him. They said that he had learned by memory what he had read to them. (b) <u>Louis continued to work with his system to make it better.</u> He worked out a system of marks for mathematics and also for music.

(c) <u>One day a girl who had been blind since she was born played the piano beautifully before a large audience.</u> Everyone in the audience was very pleased. Then the girl got up and said that the people should not thank her for playing so well. (d) <u>She said that Louis Braille had made</u> (e) <u>it possible for her to play the piano.</u>

1. 밑줄 친 (a)를 우리말로 옮기시오.

_____

2. 밑줄 친 (b)를 우리말로 옮기시오.

_____

3. 밑줄 친 (c)를 우리말로 옮기시오.

_____

4. 밑줄 친 (d)를 우리말로 옮기시오.

_____

5. (e) it은 무엇을 가리키는가?

_____

6. 다음 질문에 영어로 답하시오.

   (1) What did Louis show a group of people?

   _____

   (2) Who played the piano before a large audience?

   _____

   (3) Who made it possible for her to play the piano?

   _____

Chapter 17 부사

Basic Conversation

Betty: Alice, do you often use this new tablet computer?

Alice: No, I don't. I usually use a desktop computer.

Betty: Can you type very fast?

Alice: Yes, I can. But my computer is very slow because it is old.

Betty: I usually use the desktop computer, too. But I sometimes use the tablet computer.

Alice: I sometimes use the tablet computer, too.

Nowadays I go to a computer class in the evening.

Betty: How do you go to class?

Alice: I always go by bus.

Betty: Do you ever go by taxi?

Alice: No, I never go by taxi.

Betty: Can I go to your computer class, too?

Alice: Yes, you can. You can start class this evening.

We can go together.

영어 회화연습

베티:　앨리스, 넌 이 새 태블릿PC를 종종 사용하니?

앨리스: 아니, 그렇지 않아. 난 보통 데스크톱컴퓨터를 사용해.

베티:　너 타자 빨리 칠 수 있니?

앨리스: 응, 할 수 있어. 그러나 내 컴퓨터가 오래 되어서 매우 느려.

베티:　나도 보통 데스크톱컴퓨터를 사용해. 그러나 나는 때때로 태블릿PC를 사용해.

앨리스: 나도 때때로 태블릿PC를 사용해. 요즘 나는 저녁에 컴퓨터 수업에 가.

베티:　넌 어떻게 그 수업에 가니?

앨리스: 난 늘 버스로 가.

베티:　넌 택시로 가본 적도 있니?

앨리스: 아니, 난 절대 택시로 가지 않아.

베티:　나도 너의 컴퓨터 수업에 갈 수 있니?

앨리스: 응, 갈 수 있어. 넌 오늘 저녁에 수업을 시작할 수 있어.

　　　　우리 같이 갈 수 있어.

해답

Chapter 01 문장의 5형식

영작 연습   p.13

1. I go to school at seven in the morning.
2. There is a book on the desk.
3. My father is at school.
4. My father is a teacher.
5. I have a good friend.
6. He has lunch at twelve-thirty.
7. I like apples and bananas.
8. I want to read a book.
9. I don't know what to do next.
10. I think that my friend is diligent.
11. He gave me some flowers. (=He gave some flowers to me.)
12. My mother bought me a book. (=My mother bought a book for me.)
13. I think him honest.
14. I want him to read a book.
15. I saw her reading a book.

연습문제   p.14

1. 다음 영문을 우리말로 옮기시오.

(1) 나는 아침 7시에 학교에 간다.
(2) 공원에는 많은 나무들이 있다.
(3) 그는 지금 학교에 있다.
(4) 그는 의사이다.
(5) 그녀는 젊고 행복해 보인다.
(6) 나뭇잎들은 가을에 빨갛고 노랗게 변한다.
(7) 그는 12시 30분에 점심을 먹는다.
(8) 나는 많은 책을 읽기를 원한다.
(9) 나는 그가 많은 책을 읽기를 원한다.
(10) 나는 그에게 약간의 꽃을 보냈다.
(11) 나의 아버지는 나에게 카메라를 사주셨다.
(12) 나는 그녀를 행복하게 해주었다.
(13) 나는 그녀를 집에 가게 했다.
(14) 나는 그가 편지 쓰는 것을 보았다.
(15) 나는 그가 편지 쓰고 있는 것을 보았다.

2. 다음 문장을 영작하시오.

(1) I don't know what to do.

(2) She gave me a book.
(3) I think him honest.
(4) He wants me to study English hard.
(5) There is a telephone on the table.

3. 다음 문장의 형식을 ( ) 안에 써 넣으시오.

(1) 1형식
(2) 5형식
(3) 3형식
(4) 1형식
(5) 2형식
(6) 3형식
(7) 1형식
(8) 5형식
(9) 3형식
(10) 5형식

4. 다음 ( ) 안에서 알맞은 전치사를 고르시오.

(1) to
(2) for
(3) to
(4) of
(5) for

5. 다음 문장과 형식이 같은 것을 고르시오.

(1) (B)
(2) (C)

6. 다음 단어의 배열을 알맞게 하여 올바른 영어 문장을 만드시오.

(1) She made him happy.
(2) She became a nurse.
(3) I don't know what to do.

영어단문 독해연습   p.16

1. 다람쥐 로키는 한 아름다운 공원에 살고 있다. 어제 로키는 강에 가서 물고기들을 지켜보았다. "물고기들은 저렇게 헤엄을 잘 칠 수 있구나." 로키는 생각했다. "나도 헤엄을 치고 싶다."

2. 제인은 찬호에게 부칠 몇 장의 우편엽서를 사려고 한다. 제인은 자기의 가족사진도 찬호에게 보내려고 한다. 제인은 찬호에게 자기의 학교와 미국의 공휴일에 대하여 이야기하려고 한다. 제인과 찬호는 서로에게서 많은 것을 알게 될 것이다.

3. 그는 연필 또는 크레용으로 매우 훌륭한 그림들을 그릴 수 있다. 그는 말들과 집들, 배들 그리고 비행기들을 그린다. 그는 가끔 진흙을 갖고 논다. 그는 진흙으로 사과들과 동물들을 만든다. 그는 진흙으로 만든 것들을 나와 우리 부모님 그리고 그의 친구들에게 보여준다.

4. 어느 날, 토끼 씨는 거북이 씨를 만났다. "나는 너와 한 번도 경주를 한 적이 없어." 토끼 씨가 말을 했다. "나와 경주하겠니?" "모든 사람들이 내가 느리다고 알고 있어." 거북이 씨가 말했다. "내가 왜 너와 경주를 해야 하니?"

5. 맨해튼 중심가에 훌륭한 공원이 있다. 그 공원을 '센트럴 파크'라고 부른다. 아마 여러분은 이 넓은 공원에 대해서 들어본 적이 있을 것이다. 뉴욕에 사는 사람들은 이곳을 매우 사랑한다. 나이 든 할아버지들과 할머니들을 공원의 벤치들에서 보게 된다.

6. 한 시간 정도 지나서, 그 작은 소년은 이상한 소리를 들었다. 그러자 그 소년은 한 마리의 늑대가 양들 가까이 다가오는 것을 보았다. 그 소년은 "늑대야!"라고 소리를 질렀다. 그러나 아무도 오지 않았다. 그래서 그 소년은 늑대에 대해서 아버지에게 이야기하려고 집으로 달려갔다.

영어장문 독해연습   p.17

여러분들은 토머스 에디슨이 위대한 미국의 발명가란 것을 알고 있다. 에디슨은 많은 유용한 물건들을 발명했다. 여러분은 아마 에디슨이 학교에서 모범생이었을 것이라고 생각하고 있을 것이다. 그러나 에디슨은 모범생이 아니었다. 선생님은 그에게 많은 것들을 가르쳤다. 그러나 톰(에디슨)은 선생님이 가르쳐 준 것들을 잊어버렸다.

선생님은 에디슨의 어머니에게 말했다. "미안합니다만, 저는 댁의 아들을 가르칠 수가 없어요. 톰은 가르쳐 준 것들을 모두 잊어버리거든요." "알겠어요. 그러면, 제가 집에서 그 애를 가르치지요." 에디슨의 어머니가 말했다.

톰은 겨우 석 달만 학교에 다녔다. "슬퍼하지 마라. 너는 집에서 공부하면 돼." 어머니는 톰에게 말했다.

톰의 어머니는 훌륭한 선생님이었다. 어머니는 항상 톰에게 말했다. "열심히 공부해라. 그리고 유익한 사람이 되어라."

톰은 집에서 공부하기를 좋아했다. 톰은 과학을 제일 좋아했다. 에디슨은 열심히 공부했으며 마침내 위대한 발명가가 되었다. 우리는 누구나 매일 에디슨이 발명한 것들을 사용한다.

1. maybe
2. a good student at school
3. (A)
4. many things
5. (B)

6. (D)
7. (B)
8. (B)

Chapter 02   용법상의 문장의 종류

영작 연습   p.25

1. There were no boys on the playground.
2. He doesn't have any friends in Seoul.
3. I don't know what to say.
4. May I sit on the chair?
5. Yes, you may sit.
6. Can she play the piano?
7. Whom do you like?
8. What time do you wake up?
9. When do you leave?
10. Where is your house?
11. Where do you live?
12. Why were you absent yesterday?
13. I don't know if she is honest.
14. Who do you think he is?
15. How beautiful this flower is!

연습문제   p.26

1. 다음 문장을 부정문으로 고치시오.
   (1) I am not a student.
   (2) You can not speak English, either.
   (3) He doesn't have many friends.
   (4) She doesn't walk very fast.
   (5) There are not many flowers in the garden.

2. 다음 문장을 의문문으로 고치시오.
   (1) Is my father a teacher?
   (2) Can his mother speak Chinese, too?
   (3) Do the boys have new gloves?
   (4) Does he go to school early in the morning?
   (5) Is there a telephone on the table?

3. 다음 (　　　) 안에 알맞은 말을 써 넣으시오.

(1) I, am
(2) he, isn't
(3) I, do
(4) she, doesn't
(5) I, can
(6) there, isn't

4. 다음 (　　　) 안에 알맞은 의문사를 써 넣으시오.

(1) Who
(2) What
(3) What
(4) When
(5) Where
(6) How

5. 다음 밑줄 친 곳에 부가의문을 써 넣으시오.

(1) weren't you
(2) doesn't he
(3) is it
(4) doesn't he
(5) didn't she

6. 다음 두 문장을 연결하여 한 문장으로 만드시오.

(1) who he is
(2) where he lives
(3) who likes you
(4) if he is honest
(5) she started

7. 다음 문장을 명령문으로 고치시오.

(1) Be a good student.
(2) Go home quickly.
(3) Don't play here.
(4) Let me know your name.
(5) Let him study English hard.

8. 다음 문장을 감탄문으로 고치시오.

(1) How beautiful this flower is!
(2) What a beautiful flower that is!
(3) How fast he walks!
(4) What tall buildings these are!
(5) What a nice car you have!

7. 토끼 씨는 화가 났다. "너는 참으로 어리석구나! 저 산까지 경주할까?" 토끼 씨가 말했다. "그래, 출발하자." 거북이 씨가 말했다.

8. 그 호숫가에 키 큰 나무가 한 그루 있었다. 브라운 씨 부부는 나무가 있는 곳에서 애들과 애들이 타고 있는 보트들을 지켜볼 수 있었다. "애들이 배를 타고 있는 광경이 멋있어요, 그렇지 않아요?" 브라운 부인이 말했다.

9. 아, 그래요. 큰 길까지 이 길로 따라 가십시오. 그런 다음 큰 상점에서 왼쪽으로 도세요. 그리고 5분 정도 가면 찾는 건물이 나옵니다.

10. 너와 톰은 어떻게 지내니? 그리고 언제 방학이 되니? 이곳의 내 학생들은 지금 열심히 공부하고 있다. 내 학생들은 방학 선에 매우 어려운 시험을 치르게 된단다.

11. 식사 중에, 헬렌 숙모가 물었다. "톰, 무엇을 했었니?" "저는 연못에서 놀았어요. 저는 수영을 좋아하거든요. 연못에서 수영하는 것은 아주 재미있어요." 톰이 말했다.

12. 메리는 거실에서 이야기책을 읽고 있었다. "나와 같이 가겠니?"라고 브라운 부인이 메리에게 말했다. 브라운 부인은 피크닉에 가져갈 물건들을 사려고 하였다. "어머니, 어디로 가실 거예요?"라고 메리가 물었다. "식료품 가게에 가려고 한다."라고 브라운 부인(어머니)이 말했다.

13. 브라운 부인은 가게에서 많은 것들을 샀다. "자, 이제 집으로 가자, 메리." 브라운 부인이 말했다. "하지만 어머니, 제가 먹을 사탕을 사주시는 것을 잊으셨어요." 메리가 말했다. "미안, 메리. 사탕을 잊었구나. 그럼 몇 개 사자." 브라운 부인이 말했다.

곧 큰 비행기 한 대가 한 마리의 큰 새처럼 착륙했다. 비행기 문이 열리고, 브라운 씨가 비행기에서 내려왔다. 브라운 씨는 공항에서 가족을 만나게 되어 기뻤다. 브라운 씨와 가족들은 브라운 씨의 가방을 기다렸다. 사람들이 비행기에서 가방들을 갖고 내렸다. 톰은 그 큰 비행기를 보았다. "야, 비행기다!" 톰이 말했다. "아빠, 비행기 안을 봐도 돼요?"
"그래, 봐도 좋아."브라운 씨가 말했다.

톰은 비행기 안으로 들어갔다. 톰은 비행기 안에서 많은 사람들을 보았다.

메리는 공항버스를 보았다. 사람들은 이 버스를 타고 시내로 들어가고 있었다. 톰도 공항버스를 타고 싶었다.

"아니야, 톰. 우리는 우리 차를 타고 가야 해." 브라운 씨가 말했다.

톰과 메리는 아버지를 다시 만나게 되어서 얼마나 행복했는지!

- -

1. (B)
2. (C)
3. (A)
4. (C)
5. very happy
6. (D)

Chapter 03 동사의 기본 시제

영작 연습   p.35

1. He goes to school today.
2. He went to school yesterday.
3. He will go to school tomorrow.
4. She will come home at 4 P.M.
5. When will you leave Seoul?
6. I am going to leave Gimpo Airport at 7 P.M.
7. What will you have for lunch?
8. I will have bulgogi for lunch.
9. Will you bring me a cup of water?
10. Yes, I will.
11. Shall I open the door?
12. Yes, please.
13. Shall I bring you a cup of coffee?
14. No, thank you.
15. He is coming to the party soon.

연습문제   p.36

1. 다음 영문을 우리말로 옮기시오.
   (1) 그녀는 매일 아침 이를 닦는다.
   (2) 그녀는 자기 전에 얼굴과 손을 닦았다.
   (3) 그녀는 아침 식사 전에 이를 닦을 것이다.
   (4) 그는 자기 방에 많은 책을 가지고 있다.
   (5) 그는 자기 방에 많은 책을 가지고 있었다.
   (6) 그는 가을에 많은 사과를 가질 것이다.
   (7) 그는 다음 주에 생일 파티를 열 예정이다.
   (8) 그가 내년에 17세가 됩니까? 예, 그럴 거예요.
   (9) 내일 아침 비가 올 것입니까? 예, 그럴 거예요.
   (10) 저에게 물 한 컵 갖다 주시겠습니까? 예, 물론입니다.
   (11) 제가 이 가방을 들어 드릴까요? 예, 부탁합니다.
   (12) 창문을 닫아 주시겠습니까? 아니요, 안 하겠어요.
   (13) 창문을 열까요? 아니요, 괜찮습니다.
   (14) 당신은 생일 파티에 그녀를 초대할 예정입니까? 예, 그렇습니다.
   (15) 그가 곧 올까요? 아니요, 그렇지 않습니다.

2. 다음 문장을 (   ) 안의 지시대로 고치시오.
   (1) He went to school by bus.
   (2) He will have lunch at twelve-thirty.
   (3) He will be sixteen.
   (4) Will she leave Seoul?
   (5) What will you do here?

3. 다음 (   ) 안에 동사의 과거와 과거분사를 써 넣으시오.
   (1) looked, looked
   (2) opened, opened
   (3) liked, liked
   (4) lived, lived
   (5) studied, studied
   (6) played, played
   (7) wanted, wanted
   (8) ended, ended
   (9) stopped, stopped
   (10) begged, begged
   (11) was, been
   (12) were, been
   (13) had, had
   (14) had, had
   (15) read, read
   (16) cut, cut
   (17) said, said

(18) heard, heard

(19) saw, seen

(20) wrote, written

4. 다음 〈보기〉의 밑줄 친 부분과 발음이 같은 것은?

(D)

5. 다음 대화의 대답으로 알맞은 것은?

(1) (D)

(2) (C)

(3) (A)

(4) (B)

(5) (A)

영어단문 독해연습   p.38

14. 오늘은 토요일이다. 나는 토요일을 매우 좋아한다. 토요일에는 수업이 없다. 메리와 나는 토요일 아침에는 항상 일을 한다. 오후에 우리는 친구들과 논다.

15. 그 소년은 지팡이를 들고 여인숙으로 들어갔다. 여인숙 주인은 그 지팡이도 탁자보와 양처럼 요술이 가득할 것이라고 생각했다. 그래서 그날 밤에 여인숙 주인은 그 지팡이를 훔치려고 하였으나, 바로 그때 소년은 여인숙 주인을 보았다.

16. 금요일 오후였다. 매주 금요일 오후마다 브라운 부인은 식료품 가게에 갔다. "어떻게 그 가게에 가시게요?"라고 메리는 질문을 하였다. 메리는 언제나 그 질문을 하였다. 그녀는 가게까지 걸어서 가는 것이 싫었다. "차를 타고 갈까?"라고 브라운 부인이 말했다. "예. 차를 타고 가요."라고 메리는 말했다. 메리는 기뻤다. 메리는 차를 타고 가기를 좋아했다. "저는 사탕도 좀 사고 싶어요."라고 말했다.

17. 내일은 제인의 생일이다. 브라운 씨 가족은 내일 밤에 생일 파티를 열려고 한다. 브라운 씨 가족은 제인의 친구들을 초대할 것이다. 모두들 여러 가지 맛있는 음식을 즐기게 될 것이다. 친구들은 식당에서 음식을 즐길 것이다. 제인은 어머니를 도와드리고 있다. 제인의 숙모인 메리 아주머니는 제인의 생일을 위해 아름다운 인형을 갖고 올 것이다. 제인은 내일 하루 종일 바쁘고 행복할 것이다. 제인의 모든 친구들은 함께 생일 노래를 부르는 것을 즐길 것이다.

18. 아폴로는 큐피드를 보자 화가 났다. "얘, 그런 활로 무엇을 하려고 하느냐?" 아폴로는 물었다. "만일 사랑의 길을 밝히려면 호롱불을 가져가고 너의 활은 나에게 맡겨 두어라." 그러나 큐피드는 고개를 저으면서 대답했다. "위대한 아폴로시여, 만일 원하신다면 당신의 활을 사용하십시오. 나는 당신에게 내 활을 주지 않을 겁니다!"

영어장문 독해연습   p.39

제인은 어린 소녀였습니다. 제인은 농장에서 일을 했습니다. 제인은 소들과 암탉들을 돌보았습니다. 제인은 매우 열심히 일을 했으므로, 주인에게 선물로 우유 한 통을 받았습니다.

제인은 기뻤습니다. 제인은 그 우유 통을 머리에 이고서 길을 걸었습니다. 그녀는 길을 가면서 생각했습니다. "나는 이 우유로 많은 돈을 벌게 될 거야. 그리고 그 돈으로 몇 마리의 암탉을 사게 될 거야. 그 닭들은 알들을 낳을 거야. 그 알들에서 더 많은 암탉을 얻게 될 거야. 나는 이 닭들을 팔아서 그 돈으로 귀여운 빨간색 드레스를 살 거야. 빨간 드레스를 입으면 얼마나 예쁠까! 모든 남자들이 나를 볼 거야. 그들은 나와 춤추기를 원할 거야. 그러나 나는 그들과 처음에는……춤을 추지 않겠어. 그들이 나에게 다가오겠지만 나는 고개를 돌릴 거야, 이렇게……."

바로 그때, 제인은 정말로 고개를 돌렸습니다. 우유 통은 떨어지고 제인은 통에 있던 우유를 모두 잃게 되었습니다.

---

1. (A)

2. (C)

3. on

4. (D)

5. (B)

6. buy

7. I met the man in Seoul at first.

8. (D)

Chapter 04 **조동사**

영작 연습   p.45

1. She can play tennis.

2. He can write a letter in English.

3. My sister will be able to swim next year.
4. Can you speak French?
5. Yes I can. / No, I cannot.
6. May I have another egg?
7. Yes, you may. / No, you may not.
8. We may have much snow tomorrow.
9. You have to go to school by bus in the morning.
10. He had to study hard.
11. Must I wake up early?
12. No, you need not.
13. What does he have to do?
14. He has to finish the work.
15. You didn't have to hurry up.

연습문제　　　　　　　　　　p.46

1. 다음 영문을 우리말로 옮기시오.

(1) 나는 바이올린을 연주할 수 있다.
(2) 그는 축구를 할 수 있었다.
(3) 그녀는 자기 어머니를 도울 수 있을 것이다.
(4) 너는 숙제 할 거니?
(5) 그는 미국에서 여행을 할 수 있었다.
(6) 전화를 사용해도 돼요?
(7) 너는 사과를 많이 먹어도 된다.
(8) 흐리다. 오늘 비가 올 것 같다.
(9) 너는 내 컴퓨터를 사용해서는 안 된다.
(10) 벌써 7시이다. 나는 지금 출발해야 한다.
(11) 너는 오랫동안 기다려야 한다.
(12) 그녀는 그 일을 마쳐야만 했다.
(13) 그는 그녀에게 약간의 꽃을 보내야 한다.
(14) 나의 어머니는 지금 행복함에 틀림없다.
(15) 제 이름을 써야 합니까? 아니, 그럴 필요 없습니다.

2. 다음 문장을 (　　　) 안의 지시대로 고치시오.

(1) He will be able to speak Korean very well.
(2) You will have to get up at six in the morning.
(3) You had to stay at home at night.
(4) You didn't have to draw this picture.
(5) What will he have to do?

3. 다음 (　　　) 안에 알맞은 말을 써 넣으시오.

(1) can　　　　　(2) isn't
(3) won't　　　　(4) may
(5) may, not　　 (6) must
(7) need, not　　(8) don't, have, to
(9) have　　　　(10) had

4. 다음 (　　　) 안에 알맞은 말을 고르시오.

(1) have　　　　(2) be
(3) had　　　　 (4) be
(5) need not

5. 다음 문장의 밑줄 친 부분과 뜻이 같은 것은?

(1) (B)　　　　　(2) (C)

6. 다음 두 문장의 뜻이 같아지도록 (　　　) 안에 알맞은 말을 써 넣으시오.

(1) has, to　　　(2) are, going, to
(3) is, able, to

영어단문 독해연습　　　　　　p.48

19. 아름다운 아침이다. 7시 25분이다. 마이크는 침대에 누워 있다. 마이크는 아직 잠자고 있다. 마이크의 학교 수업은 8시 30분에 시작한다. 그러므로 마이크는 지금 일어나야 한다. 그리고 마이크는 세수해야 한다. 마이크는 8시 전에 아침밥을 먹어야 한다.

20. 학생들은 매일 독서를 해야 한다. 많은 학생들은 오후에 도서관에 가서 저녁까지 독서를 한다. 학생들은 거의 매일 도서관에 가지만, 몇몇 학생들은 도서관에 한번도 간 적이 없다. 도서관에 가지 않는 학생들은 오후 내내 운동장에서 놀기만 한다.

21. 로키는 올빼미를 찾아가서 말했다. "한 가지 질문을 해도 되겠습니까?" 올빼미는 말했다. "물론. 질문이 무엇인가?" 로키가 말했다. "물고기들은 수영을 잘하고 새들은 하늘을 잘 납니다. 저도 수영도 하고 날아보고도 싶습니다. 그러나 저는 할 수가 없습니다. 저는 아무것도 할 수 없으므로 불행합니다."

22. 언젠가 우리는 돌고래들과 이야기할 수 있고 바다의 많은 비밀들을 알게 될지도 모른다. 그러면, 아마도 우리는 바다 밑 보물선을 어디서 찾아낼 수 있는지 알 수 있을 것이다. 우리는 많은 물고기들을 어디서 잡을 수 있

는지 알 수 있을 것이다. 어떻게 해서든, 만일 바다 밑 바닥에서 나는 소리들이 말하는 의미가 무엇인지 이해하기만 하면, 바다에 대한 많은 흥미로운 것들을 배우게 될 것이다.

23. 우리는 톰과 주디만큼 영어를 잘하기를 원합니다. 우리는 영어를 외국어로서 말합니다. 우리는 영어를 잘 말하고, 읽고 그리고 쓰기에 앞서서, 영어를 공부하는 방법을 익혀야 합니다. 여러분은 영어를 공부하는 방법을 압니까? 영어를 익히는 가장 좋은 방법은 무엇입니까? 대답은 '연습이 제일이다'라는 것입니다. 우리는 한국인입니다. 우리는 교실에서 영어를 외국어로 공부를 할 뿐입니다. 그러므로 우리는 영어를 암기할 때까지 여러 번 그것을 연습해야 합니다.

마이크는 식탁에 앉으면서, "아버지, 안녕히 주무셨어요." 라고 합니다.

"잘 잤니, 마이크." 아버지는 말합니다. "토스트와 잼을 먹어라."

어머니는 마이크에게 줄 계란을 가지고 식탁으로 오십니다.

"어머니, 스푼과 포크를 주시겠어요?" 마이크는 어머니에게 부탁을 합니다.

"미안하다, 마이크, 내 손이 젖었구나. 그러니 네가 스푼과 포크를 가져가야 하겠다." 어머니는 말합니다. 그리고 아버지에게 물어봅니다. "커피나 홍차 드시겠어요?" "커피를 줘요."아버지는 대답합니다. 어머니는 커피 한 잔을 갖고 옵니다.

"아버지, 소금 좀 건네주시겠어요?" 마이크가 말합니다. 아버지는 마이크에게 소금을 건네줍니다.

"고맙습니다." 마이크는 아버지에게 말합니다. 그리고 어머니에게 묻습니다. "계란 하나 더 먹어도 될까요?"

"안 돼, 너는 이미 많이 먹었어. 그리고 너는 학교에 빨리 가야 해." 어머니는 대답을 합니다.

1. a spoon and a fork
2. (C)
3. may
4. have to
5. (B)

Chapter 05 대명사

1. It is warm this morning.
2. It was cold that morning.
3. It is ten miles from here to the school.
4. Take care of yourself.
5. Tom himself did his homework.
6. I built the house for myself.
7. He was walking in the road by himself.
8. The window opened of itself.
9. Who invented radio?
10. Who do you want to meet?
11. One should do one's best.
12. I have two dogs; one is mine and the other is hers.
13. They love each other.
14. Would you like some coffee?
15. I like both Junho and Chanho.

1. 다음 영문을 우리말로 옮기시오.
   (1) 어제 저녁에 눈이 왔다.
   (2) 제인 스스로가 자기 동생을 돌보았다.
   (3) 여기서 학교까지 10마일이다.
   (4) 그녀는 가끔 물에 비치는 자기 자신을 바라보았다.
   (5) 나의 남동생은 혼자 힘으로 숙제를 했다.
   (6) 너는 그것들 중에서 어느 것을 좋아하니?
   (7) 그들 중에서 어느 분이 자동차를 운전하니?
   (8) 나는 두 마리의 개가 있다. 하나는 나의 것이고 다른 하나는 그녀의 것이다.
   (9) 나는 10명의 친구가 있다. 한 명은 뉴욕에서 살고 나머지 모두는 서울에서 산다.
   (10) 어떤 이들은 야구를 하고 있고, 어떤 이들은 테니스를 치고 있다.
   (11) 나는 너에게 말할 것이 있다.
   (12) 나는 너에게 줄 것이 아무것도 없다.
   (13) 우유 좀 드시겠습니까?
   (14) 톰과 메리 둘 다 나에게 친절하다.
   (15) 각 소년은 자기 자신의 책상을 가지고 있다.

2. 다음 ( ) 안에 알맞은 말을 써 넣으시오.

(1) it
(2) We
(3) it
(4) for
(5) one, the, other

3. 다음 ( ) 안에서 알맞은 말을 고르시오.

(1) are
(2) is
(3) any
(4) any
(5) some

4. 다음 ( ) 안에 알맞은 말을 써 넣으시오.

(1) one's
(2) each
(3) one
(4) another
(5) some

5. 다음 ( ) 안의 인칭대명사를 변형하여 밑줄 친 곳에 써 넣으시오.

(1) my
(2) mine
(3) Their
(4) his
(5) Her

6. 다음 밑줄 친 곳에 알맞은 말을 써 넣으시오.

(1) it
(2) one
(3) one
(4) some
(5) any

7. 다음 문장을 ( ) 안의 지시대로 고치시오.

(1) There are not any books on the desk.
(2) Are there any flowers in the garden?
(3) I don't have any money in my pocket.

영어단문 독해연습 p.60

24. "그러나, 애니야, 어떤 물고기도 산 위로 높이 날 수는 없어." 내가 말했다.
"단지 새들만 그처럼 날 수 있어."
"나도 알아." 그녀가 말했다. "그러나 난 물고기들이 산 위로 날고 싶어 한다는 것도 알아."
"오, 그러니?" 넌 어떻게 그걸 알게 됐지?" 내가 물었다.

25. 우리 학급은 지난 토요일에 서울대공원으로 소풍을 갔다. 마이크의 학급도 그곳으로 갔다. 사람(학생)이 너무 많아서 한 대의 버스로는 되지 않아 버스 두 대가 우리 학교에 왔다. 한 대에는 우리 반이, 다른 한 대에는 마이크 반이 탔다. 두 대의 버스는 서울대공원으로 먼 길을 달리기 시작했다. 버스들은 고속도로를 질주했으며, 우리는 노래를 부르기 시작했다.

26. 그 순간에 우리는 나무들 사이에서 이상한 소리를 들었다. 나는 생각했다. "아마도 곰일 거야!" 그러나 나는 무섭지 않았다. 마이크의 선생님이 말했다. "틀림없이 큰 다람쥐일 거다. 무서워하지 마라." "여기에 한 마리가 있다!" 마이크가 말했다. 나는 나무 위에 있는 또 다른 다람쥐를 보고 소리를 질렀다. "또 한 마리가 있다." 다람쥐들은 여기저기로 뛰어다녔다. 다람쥐들은 매우 빨랐다. 다람쥐는 등에 두 개의 검은 줄이 있는 연한 갈색이었다. 어떤 다람쥐들은 크기가 9인치나 되었으며, 모두 다 매우 귀여웠다.

27. 민호의 삼촌은 아들 한 명과 딸 한 명이 있다. 민호 삼촌의 아들은 찬호이며, 딸은 수연이다. 찬호는 민호와 나이가 같다. 수연이는 매우 수줍어서 처음에는 민호와 상훈이와 이야기를 하지 않았지만, 곧 그들은 모두 친구가 되었다. 찬호, 수연, 민호, 그리고 상훈이는 함께 놀이도 하고 서로 이야기도 많이 하게 되었다.

28. 정오에 민호의 삼촌께서 점심을 드시기 위해 집으로 옵니다. 모든 가족들은 함께 점심을 먹습니다. 점심을 먹고 난 후에 삼촌은 다시 밭으로 나갑니다. 민호의 삼촌과 숙모는 하루 종일 바쁩니다. 그 분들은 좋은 농장을 가꾸기 위하여 열심히 일을 하십니다. 민호와 상훈이는 민호의 삼촌과 숙모처럼 부지런하려고 노력합니다.

영어장문 독해연습 p.61

내일은 톰이 소풍가는 날이다. 모든 선생님들과 학생들은 내일 소풍을 간다. 인규는 톰의 학급에 새로 온 학생이다. 인규는 한국에서 왔다. 톰과 주디는 친절하게 인규를 도와줄 것이다.

225

톰과 주디는 돈이 좀 필요했다. 그래서 그들은 어머니에게 돈을 좀 달라고 부탁했다. 톰과 주디는 청량음료를 사고 싶었다. 어머니(브라운 부인)는 톰과 주디에게 얼마간의 돈을 주었다. 주디는 1달러 25센트, 톰은 1달러를 받았다.

학교 운동장에서, 톰과 주디는 인규를 만났다. 그들은 소풍에 대해서 이야기를 했다. 그러나 인규는 미국의 돈에 대해서 알고 싶었다. 그래서 인규는 톰에게 미국의 돈에 대해서 물었다.

----

1. (B)
2. (D)
3. (A)
4. (D)
5. American money
6. (B)

Chapter 06 형용사

영작 연습   p.67

1. I met a good boy.
2. The boy is good.
3. I have many friends in Seoul.
4. We have much rain in this year.
5. The rich are not always happy.
6. I have a few apples.
7. I have few apples.
8. Do you have a little milk?
9. He is as smart as I.
10. He is smarter than I.
11. He is not so smart as I.
12. She is more beautiful than my sister.
13. He is the tallest boy in my class.
14. Which do you like better, summer or winter?
15. Which country do you like best, America, England or France?

연습문제   p.68

1. 다음 영문을 우리말로 옮기시오.
   (1) 나는 빨간 장미를 좋아한다.
   (2) 그는 빨간 것을 가지고 있다.
   (3) 나는 그가 정직하다고 여긴다.
   (4) 우리 학교에는 굉장히 많은 학생들이 있다.
   (5) 나는 서울에 많은 친구들이 있다.
   (6) 나는 서울에 약간의 친구들이 있다.
   (7) 나는 서울에 친구들이 거의 없다.
   (8) 그녀는 나의 어머니만큼 아름답다.
   (9) 그녀는 나의 어머니보다 더 아름답다.
   (10) 그녀는 자기 반에서 가장 아름답다.
   (11) 너는 딸기와 바나나 중에서 어느 것을 더 좋아하니?
   (12) 딸기, 바나나, 사과 중에서 너는 어느 것을 가장 좋아하니?
   (13) 토끼는 다른 어떤 동물보다 더 빨리 달릴 수 있다.
   (14) 중국은 한국보다 훨씬 더 크다.
   (15) 이 강은 저 강보다 3배 길다.

2. 다음 (　　　) 안에서 알맞은 말을 고르시오.
   (1) many
   (2) much
   (3) a few
   (4) a little
   (5) much

3. 다음 (　　　) 안에서 알맞은 말을 고르시오.
   (1) older
   (2) elder
   (3) oldest
   (4) than
   (5) younger
   (6) young
   (7) cleverer
   (8) better
   (9) much
   (10) more

4. 다음 (　　　) 안에서 알맞은 것을 고르시오.
   (1) (C)
   (2) (B)
   (3) (A)
   (4) (D)
   (5) (C)

5. 다음 (   ) 안에서 알맞은 말을 고르시오.

　(1) bigger

　(2) tall

　(3) tallest

　(4) earlier

　(5) fastest

29. 이제 에디슨은 노인이 되었지만 그의 의지는 젊은이의 의지처럼 강했다. "나는 할 수 있는 만큼 유용한 물건들을 발명하고 싶다. 나는 일생 동안 일을 할 생각이다." 에디슨은 종종 자기의 가족에게 말했다.

1914년에 화재가 나서 에디슨의 집은 다 타버렸다. 에디슨은 슬펐지만, 강한 의지를 가지고 있었다. 에디슨은 말했다. "괜찮아, 새로운 출발을 하겠다. 나는 겨우 67세밖에 되지 않았어. 나는 노인이 아니야." 그 화재가 있은 후에, 정말로 에디슨은 더 유용한 물건들을 발명할 수 있었다.

30. 세종대왕은 한국의 역사에서 가장 위대한 왕들 중의 한 분이었다. 세종대왕은 1397년에 탄생했다. 그분은 겨우 21세에 조선의 네 번째 임금이 되었다. 그분은 세 번째 아들이었지만, 형들보다 더 총명했으므로 임금님이 되었다.

31. 밤에 피곤하고 졸음이 오면 나는 내 방으로 간다. 그리고 불을 켠다. 나는 구두를 벗고 옷을 벗고는 잠옷을 입는다. 그리고 나는 이불 속으로 들어가서, 불을 끈다. 몇 분 후에 나는 잠이 든다. 나는 밤이 새도록 잠을 잔다. 이것이 나의 일과이다.

32. 화요일 아침이었다. 테드와 메리는 버스 정류장에 있었다. 학교 버스는 늦게 오는 적이 없었다. 학교 버스는 항상 정각에 왔다. 버스에는 새로운 소년이 타고 있었다. 그는 테드보다 키가 컸다.

33. 그린 씨 부부는 아이들을 데리고 소풍을 갔다. 그들은 자기 아이들의 친구인 잭과 톰도 함께 데리고 갔다. 모두들 산에 있는 공원으로 갔다. 그 산은 큰 나무들로 꽉 찼으며, 들판에는 꽃들이 만발하였다. 이 공원은 다른 공원들보다 더 아름다웠다. "아름다운 곳이지 않나요?" 톰이 말했다. "그럼. 이곳은 워터타운 근처에서 가장 아름다운 공원이야." 그린 부인이 말했다.

민호는 오늘 아침에 일찍 일어났다. 민호에게는 흥미진진한 아침이다. 2학년이 되어서 처음으로 학교에 가는 날이라서 많은 새로운 일들이 오늘 그에게 생길 것이다. 민호는 새 교실에서 새 책으로 공부하게 될 것이다. 민호는 새 담임선생님과 새로운 학급 친구들을 만나게 될 것이다. 민호는 그들 모두를 만나고 싶어 한다.

또한 민호는 여러 가지 다른 일들에 대해서도 궁금하게 여기고 있다. 누가 수학을 가르치게 될까? 누가 과학 선생님이 될까? 송 선생님이 다시 역사를 가르칠 것인가? 무엇보다, 누가 학급에서 자기 옆에 앉을 것인가?

민호는 오늘 학교에 일찍 출발하려고 한다. 오늘은 민호에게 바쁜 하루가 될 것이다. 오늘은 또한 민호에게 중요한 날이 될 것이다.

1. (B)

2. (B)

3. (D)

4. (D)

5. (D)

Chapter 07　부정사

1. It is difficult to learn English.

2. I want to swim in summer.

3. My hope is to skate well on the ice.

4. It is difficult for him to understand the problem.

5. I don't know what to do next.

6. I have something to tell you.

7. Tom came to Korea to learn Korean.

8. She was happy to meet her son.

9. He grew up to be a great scientist.

10. This water is good to drink.

11. I want to go to London.

12. I want him to go to London.

13. I saw him read a book.

14. I made her sing.

15. You had better go home now.

1. 다음 영문을 우리말로 옮기시오.

(1) 그는 자기 아들을 돌보고 싶다.

(2) 그는 내가 그의 아들을 돌보기를 원했다.

(3) 나는 지금 너에게 말할 것이 있다.

(4) 테니스를 잘 치는 것은 쉽지 않다.

(5) 나의 희망은 피아노를 잘 치는 것이다.

(6) 한 시간에 그 일을 마치는 것은 어렵다.

(7) 그가 그 문제를 이해하는 것은 불가능하다.

(8) 그가 그렇게 말하다니 친절하다.

(9) 나는 다음에 무엇을 해야 할지 모른다.

(10) 나에게 그것을 만드는 방법을 말해줄 수 있니?

(11) 그는 같이 놀 친구가 없다.

(12) 그는 자기를 도울 친구가 있다.

(13) 브라운 양은 한국어를 배우려고 한국에 왔다.

(14) 그녀는 그 나쁜 소식을 듣고 깜짝 놀랐다.

(15) 그녀는 자라서 위대한 음악가가 되었다.

(16) 영어는 배우기 어렵다.

(17) 그는 너무 늙어서 혼자 외출할 수 없다.

(18) 그 책은 너무 어려워서 그는 읽을 수 없다.

(19) 그는 비행기를 살 만큼 부유하다.

(20) 버스로 학교에 가는 데 20분이 걸린다.

2. 다음 밑줄 친 곳에 알맞은 말을 고르시오.

(1) (A)   (2) (B)

(3) (A)   (4) (B)

(5) (A)   (6) (A)

(7) (B)   (8) (C)

3. 다음 밑줄 친 부분의 용법과 같은 것을 고르시오.

(1) (A)   (2) (B)

(3) (D)

4. 다음 두 문장의 뜻이 같아지도록 (　　　) 안에 알맞은 말을 써 넣으시오.

(1) so, that, cannot

(2) so, that, can

(3) so, that, cannot

(4) It

(5) I, should

5. 다음 (　　　) 안에 알맞은 말을 고르시오.

(1) us

(2) to go

(3) too

(4) how

(5) for

6. 다음 문장의 뜻에 맞도록 (　　　) 안의 낱말의 어순을 맞추시오.

(1) We didn't know how to use the computer.

(2) He wants to buy a camera.

(3) He wants his father to buy a car.

(4) She is too old to go out alone.

(5) This book is too difficult to read.

34. 김 선생님은 언어(일본어)를 공부하러 일본으로 가는 중이었다. 김 선생님은 인천국제공항에서 비행기를 탔다. 처음에는 배로 일본에 가려고 했다. 그러나 브라운 씨가 김 선생님에게 비행기로 가시라고 말했다.

35. 비행기에서 김 선생님은 안전벨트를 사용해야 했다. 여승무원은 김 선생님에게 안전벨트를 사용하도록 요청했다. 여승무원은 비행기에 탑승한 모든 사람들이 안전하기를 원했다. 여승무원은 누구에게도 어떤 일이 일어나기를 원하지 않았다. 또한 여승무원은 비행기에 탑승한 모두에게 베개를 제공했다. 여승무원은 모든 사람이 즐거운 여행을 하길 원했다.

36. 옛날에 독일 군대에 두 명의 젊은 군인이 있었다. 그 두 사람은 프랑스인이었으며, 그래서 독일어를 잘하지 못했다. 어느 날 독일 왕이 군대를 방문하러 왔다. 왕이 도착하기 전에, 한 장교가 그들 두 젊은 군인에게 이야기했다.

37. 그러자 곧 그 소년은 지루해졌다. "이것은 외로운 일이야." 그 소년은 생각했다. "내가 '늑대다'라고 소리를 지르면, 아버지와 친구들이 올 거야."
그 소년은 소리를 질렀다. "늑대다!" 아버지와 많은 다른 사람들이 그를 도우러 왔다. 그러나 늑대는 없었다. "늑대가 어디 있니?"사람들은 물었다.

38. "늑대는 없어요. 나는 단지 지루했어요."그 소년은 말했다. 모든 사람들은 화가 났다. 그 소년의 아버지는 그에게 말했다. "다시는 그런 짓을 하지 말거라."
모든 사람들이 떠나자 그 작은 소년은 곧 다시 지루해졌다. 그 소년은 다시 "늑대다"라고 소리를 질렀고, 모든 사람들이 다시 왔다. 이번에는 모든 사람들이 대단히 화가 났다. 곧 그들은 집으로 돌아갔다.

---

39. 한 시간 정도 지나서, 그 작은 소년은 이상한 소리를 들었다. 그때 그는 양들 가까이 다가오는 한 마리의 늑대를 보았다. 그는 "늑대다!"라고 소리를 질렀다. 그러나 아무도 오지 않았다. 그래서 그 소년은 아버지에게 늑대가 왔다고 말하러 집으로 달려갔다.

---

40. 한 달 후에 그 노인은 아들을 한 사람씩 불러서 말했다. "나는 너의 형제들을 멀리 보내려고 한다. 네가 너의 형제들을 좋아하지 않으면, 더 이상 네가 너의 형제들과 같이 살기를 원치 않는다."

---

41. 돌아오는 길에 그는 다시 큰 강으로 왔다. 그는 배를 찾았다. 강에는 작은 배 한 척만이 있었다. 그 배는 너무 작아서 자기와 모든 동물들을 한 번에 건너편으로 태우고 갈 수가 없었다. 그 배는 자기와 동물들 중에서 한 마리만 동시에 탈 수 있을 만한 크기였다.

---

42. 점심 식사 후에 톰과 나는 한국의 놀이하는 법을 배웠다. 그것은 재미있는 놀이이다. 그 놀이는 '윷'이라고 부른다. 한 중학생이 윷놀이하는 법을 우리에게 가르쳐주었다. 그는 영어를 잘하지 못했지만, 그가 규칙들에 대해서 이야기했을 때, 우리는 이해할 수 있었다. 우리들이 이 나라에서 보고 배울 것이 아직 많이 있다.

---

43. 어떤 물고기들은 소리를 내기 위하여 그들의 이빨을 사용한다. 다른 물고기들은 그들의 뼈를 이용한다. 또 다른 물고기들은 몸에 있는 공기주머니를 이용한다. 왜 물고기들은 그런 소리를 내는가? 이것에 관해서는 알려진 것이 거의 없다. 어떤 과학자들은 물고기들이 서로 대화를 하기 위해 이러한 소리들을 사용한다고 생각한다. 그러나 대부분의 사람들은 그러한 소리들이 아무런 의미가 없다고 생각한다.

---

44. 그들은 생일축하 노래를 부르기 시작했다. 수잔 숙모는 거실에서 피아노를 치기 시작했다. 곧 브라운 부인이 들어와서 말했다. "자, 이제 저녁 준비가 됐다. 식당으로 가자." 모두들 맛있는 음식을 들기 시작했다!

---

45. 새로운 방법들과 기계들은 미국처럼 많은 나라들에서 농사일을 쉽게 해준다. 농장에서 일을 하는 데 그렇게 많은 사람들이 필요하지 않다.

영어장문 독해연습   p.85

민호는 인천에 사는 중학교 학생이다. 그는 중학교를 졸업하면 실업고등학교에 진학하려고 한다. 민호의 많은 친구들도 역시 실업고등학교에 가길 원한다.

민호는 요리를 좋아하기 때문에 식당에서 아버지를 도와드리는 것을 좋아한다. 민호는 훌륭한 요리사가 되기를 원한다. 그러나 민호의 친구들은 요리를 배우기 원하지 않는다. 그 친구들은 다른 과정들을 공부하려고 한다.

친구들 중에서 한 명은 제빵사가 되려고 한다. 그는 실업학교에서 제빵에 대해서 공부하려고 한다. 다른 친구들은 건축이나 전기 기술을 공부하려고 한다.

민호와 그의 친구들은 장래에 훌륭한 일꾼들이 되기 위하여 많은 것들을 공부할 필요가 있다. 민호와 친구들은 실업고등학교에서 매우 바쁘게 될 것이다.

1. (B)
2. to help
3. (A)
4. (C)
5. (B)

Chapter 08   동명사, 현재분사

영작 연습   p.91

1. Writing a letter in English is not easy.
2. I enjoyed swimming.
3. She was afraid of going out at night.
4. My dream is becoming a scientist.
5. I know the boy sleeping in the room.
6. Do you know the boy swimming in the river?
7. I read a book.
8. I am reading a book.
9. I was reading a book.
10. Do you write a letter?
11. Are you writing a letter?
12. I watched him reading a book.
13. I heard her singing a song.
14. He is leaving Seoul soon.
15. He is having lunch now.

1. 다음 영문을 우리말로 옮기시오.

(1) 스케이트를 잘 타는 것은 쉽지 않다.

(2) 나는 잠실 수영장에 수영하러 가고 싶다.

(3) 나의 희망은 훌륭한 선생님이 되는 것이다.

(4) 너는 지금 어디를 가고 있는 중이니?

(5) 그와 그의 개는 저기서 뛰어다니고 있다.

(6) 그는 곧 올 것이다.

(7) 그는 미국에서 여행을 할 것이다.

(8) 나는 그가 테니스를 치고 있는 것을 보았다.

(9) 나는 이번 여름에 너와 낚시하러 가고 싶다.

(10) 도서실에는 책을 읽고 있는 학생들이 몇몇 있다.

(11) 나는 자고 있는 소년을 안다.

(12) 너의 친구는 언제 서울을 떠날 거니?

(13) 너는 여기서 무엇을 하니?

(14) 너는 여기서 무엇을 하고 있니?

(15) 너는 1주일 동안 어디에 머물 예정이니?

2. 다음 (　　　) 안에서 알맞은 말을 고르시오.

(1) to read　　　　(2) reading

(3) playing　　　　(4) learning

(5) writing

3. 다음 문장에서 밑줄 친 부분의 용법이 다른 하나는?

(D)

4. 다음 보기의 밑줄 친 부분과 용법이 같은 것은?

(B)

5. 다음 밑줄 친 곳에 (　　　) 안의 동사를 알맞은 꼴로 써 넣으시오.

(1) running　　　　(2) coming

(3) studying　　　　(4) speaking

6. 다음 문장을 (　　　) 안의 지시대로 고치시오.

(1) She is writing a letter to her father.

(2) He was studying history and science.

(3) Are you having lunch?

(4) What are you doing here?

(5) What was he doing there?

(6) Was your brother reading the story?

7. 다음 문장을 비교해서 우리말로 옮기시오.

(1) 그는 국립 박물관에 가고 있다.

그는 국립 미술관을 방문할 예정이다.

(2) 그는 피아노 연주를 중단했다.

그는 피아노를 연주하기 위해 멈췄다.

46. 고등학교를 졸업한 후에, 그들은 대부분 대학에 가게 될 것이다.

민호의 누나는 바느질하기를 좋아한다. 민호는 자기의 누나에게 대학에서 패션디자인을 전공으로 선택하라고 말했다. 학생들은 실업고등학교에서 의복을 만들고 디자인하는 것에 대하여 배울 수 있다. 패션에 관심이 있는 다른 많은 학생들도 역시 패션디자인 전공으로 대학에 가는 것을 좋은 생각이라고 여긴다.

47. 어제 나는 방에서 독서를 하고 있었다. 나는 어머니께서 부엌에서 노래를 하고 있는 것을 들었다. 나는 부엌으로 가서 어머니께서 저녁을 짓고 계시는 것을 보았다. 어머니께서는 요리할 때는 항상 노래를 부르신다. 나는 앉아서 어머니께서 저녁을 지으시는 것을 지켜보았다.

처음에 나는 국에 소금과 후추를 넣는 것을 보았다. 그러고 나서 나는 어머니께서 쌀을 씻는 것을 보았다. 일을 끝내고서, 어머니는 산책하러 밖에 나가셨다.

48. 10월 말이었다. 가을의 가장 아름다운 달(부분)도 끝이 났다. 각양각색의 나뭇잎들이 나무들에서 떨어지고 있었다.

어느 날 아침 찬호는 잘 아는 냄새에 잠이 깨었다. 그 냄새는 나뭇잎들이 타는 좋은 냄새였다. 찬호는 침대에서 일어나 밖으로 나갔다. 그는 냄새가 나는 곳을 따라 갔다.

49. 톰은 편지를 브라운 부인에게 갖다드렸다. 브라운 부인은 편지를 펴서 읽었다.

"아버지에게서 온 편지다. 아버지는 기차로 오시지 않는다. 비행기로 오신단다." 브라운 부인은 말했다. 브라운 씨는 자주 기차로 여행을 했다. 기차 여행은 브라운 씨에게는 항상 힘들었다. 이번에는 브라운 씨가 비행기로 집에 오고 있었다.

50. 한 선생님은 뉴욕에 도착했다. 뉴욕에 사는 사람들은 뉴욕을 '큰 도시'라고 불렀다. 한 선생님은 '큰 도시'를 보게 되어서 즐거웠다.

오늘 한 선생님은 브라운 씨 가족을 방문하기를 원했다. 브라운 씨 가족은 워터타운에 살고 있다. 워터타운은 뉴욕의 동쪽에 있다. 한 선생님은 워터타운으로 버스나 기차로 갈 수 있었다. 한 선생님은 기차로 가기를 원했다.

영어장문 독해연습   p.95

아침에는 비가 오고 있었지만, 정오 전에 비가 그쳤다. 맑게 개고 햇빛이 났다. 나는 책과 공책들을 가지고 독서실에 갔다. 누군가 나에게 와서 말했다. "너 여기서 무엇을 하고 있니, 마이크?" 나는 뒤를 돌아보았다. 폴이었다.
"나는 독서하고 있어, 폴." 나는 대답했다.
"우리는 오늘 오후에 빌의 학급과 야구 경기가 있어. 너 잊었니?" 폴이 나에게 물었다.
"오, 잊었어." 나는 말했다.
"곧 시작할 거야. 아마 벌써 시작했을 거야." 폴이 말했다.
"운동장으로 나가자." 나는 말했다. 나는 책과 공책들을 책상 위에 놓고 일어섰다.

---

1. (B)
2. (C)
3. a baseball game
4. (A)
5. (B)

Chapter 09 직독직해

1. 주어+동사   p.99

1. He goes / to school / by bus / every morning.
2. There lives / an old man / in a small town.
3. The book on the desk / is mine.
4. He went / to America / to study music.
5. She was / at home / all day.

2. 주어+동사+보어   p.100

1. He was out / last night.
2. She was surprised / to hear the news.
3. He was very glad / when he met his son.

4. He seems / to be very happy / this afternoon.
5. The cake on the table / smells good / today.
6. I feel much happier / since I married her.
7. She became his wife / last year.
8. Her mother looks sad / because she lost her handbag.
9. It is not easy / to learn Russian.
10. It is important / for her to take care of her mother.
11. It is kind / of her to say so.
12. There are some apples / in the basket.
13. Korea is famous / for its scenery.
14. He grew angry / when I told a lie.
15. The children are asleep / in the room.

3. 주어+동사+목적어   p.101

1. He will not / lend money / to anyone.
2. She made / a dress / for her daughter.
3. My uncle and aunt worked / very hard / in the fields.
4. She wants / to listen / to pop music.
5. He enjoyed / playing baseball / after school.
6. She is fond of / going swimming / in summer.
7. Please look at / all the students.
8. I cannot understand / what you said.
9. He gave / some books / to me.
10. I wanted / not to be late / for school.

4. 주어+동사+목적어+목적보어   p.102

1. Tom painted / the fence white.
2. The sun keeps / us warm.
3. He wanted / me to go abroad / after graduation.
4. He heard / me sing a song.
5. He heard / me singing a song / in the concert.
6. Can you smell / something burning?
7. He showed me / the way / to the station.
8. My mother cooked us / a good dinner.
9. I wanted / you not to be late / for school.
10. Where do you want / me to stay?
11. What will you have / me do?
12. Shall I help / you carry the box / upstairs?

어느 날 / 생쥐 한 마리가 나갔다 / 먹을 것을 찾아서. // 생쥐는 조심성 없이 달려갔다 / 큰 풀숲을 지나서. // 생쥐는 만나게 되었다 / 무서운 사자를. // 사자는 생쥐를 붙잡았다. // 사자는 생쥐를 붙잡았다 / 꽉 / 그리고 생쥐를 놓아주지 않았다. //

"사자님, 제발 저를 놓아 주세요."/ 생쥐가 말했다. // "언젠가는 / 제가 당신을 도와 드릴게요." //

사자는 웃었다. // "조그만 생쥐가 어떻게 / 큰 사자를 도울 수 있겠는가?" 사자는 생각했다. // "좋아." 사자는 말했다. // "너를 놓아주지. / 그러나 너는 좀 더 조심스럽게 걸어 다녀야 한다." //

생쥐는 매우 기뻤다. // "고마워요." 생쥐는 말했다. // "당신은 매우 친절하군요." //

그 다음 주 / 생쥐는 다시 찾고 있었다 / 먹을 것을. // 생쥐는 그 사자를 보았다 / 한 나무 아래에 있는. // 사자는 단단히 묶여 있었다 / 그물에 / 강한 로프의. // 사자는 움직일 수가 없었다. //

"제가 도와드리지요." 생쥐가 말했다. //

생쥐는 물어뜯고 들어갔다 / 로프 중에서 하나를. // 생쥐의 이빨은 날카로웠다. // 그리고 나서 / 생쥐는 물어뜯고 들어갔다 / 또 다른 로프 줄을. / 그리고 계속해서 또 다른 줄을. // 곧 / 그 사자는 자유로워졌다. // 사자는 매우 기뻤다. // "고마워." 사자는 말했다. // "정말 고마워." //

1. 먹을 것
2. 언젠가는 도와주겠다.
3. 로프에 묶여 있었다.
4. 약자도 강자를 도와줄 수 있다.

옛날에 / 두 명의 젊은 병사들이 있었다 / 독일 군대에. // 그들은 프랑스인들이었다 / 그리고 독일어를 잘하지 못했다. // 어느 날 / 독일 왕이 왔다 / 군대를 방문하러. // 왕이 도착하기 전에, / 한 장교가 말했다 / 그 젊은 병사들에게. //

"왕이 곧 오실 것이다 / 너희들을 만나러. // 왕은 너희들에게 질문을 할 것이다 / 다음과 같은 질문들을: / 나이가 몇 살인가? // 너희들은 몇 년간 있었나 / 군대에? // 이곳이 행복한가?" //

"우리는 어떻게 대답해야 하죠?" 라고 두 젊은 병사가 물었다. // 장교는 그들에게 가르쳐주었다 / 대답을 / 독일어로. //

"21. / 1. / 예. 우리 둘 다 그렇습니다. // 너희들은 기억해야 한다 / 이러한 대답을 해야 하는 것을 / 왕에게." 장교는 말했다. //

곧 왕이 왔다. // "두 젊은 프랑스 병사들이 어디 있느냐?" 라고 왕이 물었다. // 장교가 말했다 그들은 방에 있다고. // "가자 / 그들을 만나러." 왕이 말했다. //

왕과 장교는 갔다 / 방으로. // 왕은 갔다 / 그 병사들에게 / 질문을 하러 / 세 가지 질문을. // 그러나 왕은 두 번째 질문을 했다 / 처음에. //

"몇 년 간 근무했는가 / 군대에서?" 왕이 물었다. // "21년입니다." 젊은 병사들이 말했다. //

"그러면 너희들 나이는?" //

"1살입니다." 이라고 대답했다. //

"너희들은 무슨 얘기를 하고 있느냐? / 미쳤느냐?" //

"예. 우리 둘 다 그렇습니다." 라고 젊은 병사들이 말했다. //

1. 21세
2. 1년
3. 3가지
4. 순서를 바꾸었기 때문에

내 어린 남동생은 겨우 네 살이다 / 그러나 그 애는 매우 영리한 아이다. / 동생은 많은 질문을 하며 / 여러 가지 재미있는 일을 한다. //

동생은 매우 멋진 그림들을 그릴 수 있다 / 연필과 크레용으로. // 그는 그린다 / 말들, 집들, 배들 그리고 비행기들을. // 동생은 가끔 논다 / 진흙을 가지고. // 동생은 사과들과 동물들을 만든다 / 진흙으로. // 동생은 그것들을 보여준다 / 나에게, / 우리 부모님 그리고 자기의 친구들에게. // 동생은 일들을 매우 잘한다 / 그리고 일들을 매우 빠르게 익힌다. // 동생은 항상 질문한다. / "저게 뭐지?" 또는 "그가 누구야?" // 그는 또한 질문한다, / "왜?" // 그는 질문한다, / "왜 너는 불행하니?" // 가끔 / 그의 질문들은 매우 어렵다 / 그래서 나는 그것들을 대답을 할 수 없다. //

한번은 동생이 나에게 질문을 했다, / "왜 사람들은 싸우지?" // 나는 말했다, / "왜냐하면, 사람들은 서로 좋아하지 않기 때문이야." // 동생은 나의 대답을 이해할 수 없었다 / 왜냐하면 동생은 누구든지 좋아하기 때문이다. // 그것은 중요하다. //

나는 행복하다 / 왜냐하면 동생은 훌륭한 그림을 그리기 때문이며, / 재미있는 것들을 만들고, / 그리고 많은 질문들을 하기 때문이다. // 동생은 잘 배우게 될 것이다. //

언젠가 / 동생은 많은 것들을 알게 될 것이다 / 왜냐하면 동생은 '누구' 그리고 '무엇'이라는 질문을 하기 때문이다. // 그리고 언젠가는 / 동생은 많은 것들을 이해하게 될 것이다 / 왜냐하면 동생은 '왜'라고 질문하기 때문이다. //

1. 동생은 누구나 사랑하기 때문에
2. 사과들과 동물들
3. ① who ② what ③ why
4. ① 훌륭한 그림을 그리기 때문에
   ② 재미있는 것들을 만들기 때문에
   ③ 많은 질문을 하기 때문에

직독직해 연습4   p.106

한 나이 든 한국인이 살고 있다. / 하와이 힐로에. // 그 노인은 88세이다. // 그 노인은 그곳에서 살아왔다 / 1904년 이후. // 그는 아직 거기에 살고 있다 / 오늘날. //
매일 / 그 노인은 일찍 일어난다 / 아침에, / 그리고 태극기를 게양한다 / 자기 집 앞에. // 그 노인은 태극기를 본다 / 매우 자주. //
그 노인은 태극기를 본다 / 자기 사무실에서, / 자기 농장에서 / 그리고 바다에서. // 밤에 노인은 태극기를 보관한다 / 자기 방에. //
어느 흐린 날에 / 그 노인의 일꾼들 중에 한 사람이 그에게 말했다. /"사장님, 비가 오려고 합니다. // 제가 태극기를 내리겠습니다 / 사장님 대신에."//
"고맙네, 그러나 그것은 내 할 일이야. // 내가 태극기를 내리겠어." / 그 노인은 말했다. // 소나기가 내리기 시작했다 / 몇 분이 지나. // 그 노인은 밖으로 나갔다 / 그리고 태극기를 내렸다. // 그 노인은 태극기를 안았다 / 품속에 / 그리고 그의 일꾼을 보고 웃었다. // 그 노인은 말했다. / "태극기는 휘날리지 않았다 / 한국에서 / 36년 동안, / 1910년부터 1945년까지. // 그러나 태극기는 이곳 힐로에서는 휘날렸다 / 매일 / 그 시절 동안."// 많은 한국인들은 보아왔다 / 그 노인의 태극기를. // 그들은 태극기를 볼 것이다 / 앞으로도 역시. // 그들은 그 노인에게 말할 것이다 / 태극기에 관해서. // 그들은 이야기를 들을 것이다 / 한국과 태극기에 대해서 / 그 노인에게서. //

1. The old man does.
2. He raises it in front of his house.
3. It didn't for 36 years.
4. He lives in Hilo, Hawaii.

직독직해 연습5   p.107

나이 든 그린 부인은 보고 있었다 / 앞쪽의 창문 밖을. // 한 소년이 있었다 / 거리의 맞은편에. // 그 소년은 빵 몇 개를 꺼냈다 / 그의 가방에서. // 그 소년은 그 빵을 먹기 시작했다. //
한 마리의 불쌍한 개가 있었다 / 거리에, 역시. // 그 소년은 그 개에게 말했다. / "이리 와, 착하지. // 너 배고프구나, 그렇지 않니? // 빵 한 조각을 먹고 싶니?"// 그 개는 배가 고팠다 / 그래서 그 소년에게 갔다. / 그러나 그 소년은 빵을 개에게 주지 않았다 / 조금도. // 그 소년은 그 개를 심하게 찼다. // 그 개는 깽깽거렸다 / 그리고 도망쳤다. //
그러자 / 그 부인이 나왔다 / 자기 집에서 / 그리고 그 소년에게 말했다, / "너 1달러를 갖고 싶니?"// 그 소년은 매우 기뻐서 / 그는 그 부인에게 곧 갔다, / 그러나 그 부인은 그에게 1달러를 주지 않았다. // 그 부인은 그 소년을 때렸다 / 손으로. // 그 소년은 울면서 말했다, / "왜 당신은 나를 때립니까? // 나는 당신에게 요구하지 않았습니다 / 나에게 돈을 달라고."//
"그래." 그린 부인은 말했다. / "그리고 그 개는 너에게 요구하지 않았다 / 빵을 달라고, / 역시."//

1. (B)
2. (D)
3. (C)
4. 약한 자를 괴롭히지 마라.

직독직해 연습6   p.108

보고 싶은 제인에게
대단히 고맙다 / 너의 편지를 받게 되어서. // 나는 관심이 있었다 / 읽기에 / 너의 가족과 너의 학교생활에 대해서. // 이번에 / 나는 너에게 이야기할 것이다 / 더 많은 것을 / 내 가족에 대하여. //
우리 아버지는 요리사이시다 / 그리고 아버지는 매우 열심히 일을 하신다. // 우리 어머니는 가정주부이시다. // 우리 어머니는 해야 할 많은 일이 있다 / 집에서. // 어머니는 역시, 아버지를 도우신다 / 식당에서 / 아버지께서 바쁘시면. // 우리 할머니는 우리와 함께 사신다. // 우리 할머니는 매우 연로해서 / 일을 할 수 없으시다 / 식당에서. // 그러나 할머니는 보통
돌보신다 / 일 중에서 몇 가지를 / 집에서 / 어머니께서 바쁘시면. // 어머니는 수리하는 일을 잘 하신다. // 나는 종종 어머니를 도와드린다 / 집안 가구 고치는 일을 / 그리고 배운다 / 못질과 톱질 같은 기술들을 / 어머니에게서. // 우리 가족은 서로 돕는다 / 그리고 우리는 매우 행복하다. //

나는 너에게 보낸다 / 내 가족사진을. // 네가 그 사진을 보면, / 너는 알 것이다 / 우리 가족이 얼마나 행복한가를. // 내게 곧 편지를 써주길 바란다. //

너의 친구,

준호

1. (A)
2. (D)
3. (C)

재미있는 이야기가 있다 / 존 D. 록펠러 2세에 대하여. // 어느 날 / 그는 걷고 있었다 / 49번가를 따라서. // 이때에 / 사람들이 막 시작하고 있었다 / 첫 번째 건물들 중에서 몇 개를 짓기를 / 록펠러 센터의. // 록펠러는 원했다 / 작업 진척을 보기를 / 진행되고 있는. // 높은 담이 있었다 / 작업장 주위에는. // 그 담은 만들어졌다 / 나무로. // 록펠러는 아무것도 볼 수가 없었다. // 그는 애를 썼다 / 담을 통하여 보려고. // 보기가 힘들었다. // 바로 그때 / 한 경비원이 다가왔다. //

"비켜서시오."/ 그 경비원이 말했다. // "이곳에 서 있을 수 없습니다."// "나는 애를 쓰고 있을 뿐입니다 / 작업을 보기 위하여" /록펠러 씨가 말했다. //

"비켜서시오."/ 그 경비가 다시 말했다. //

"나는 존 D. 록펠러 2세요."/ 록펠러가 말했다. //

"그래요, 나는 루즈벨트 대통령이오."/ 경비가 말했다. // "자, 비켜서시오, 선생님. 그리고 나에게 주지 마시오 / 더 이상 곤란함을."//

록펠러 씨는 갔다 / 그의 사무실로. // 그는 이 문제에 대하여 생각했다. // 록펠러는 확신했다 / 아마도 있을 것이다 / 자기처럼 많은 사람이 / 작업 상황을 지켜보고 싶어하는 / 그 담 안의. // 매우 흥미로웠다. / 이 작업을 지켜보는 것이. // 들어올리는 큰 기계들이 있었다 / 흙과 돌들을, / 그리고 많은 사람들은 좋아했다 / 작업장에서 사용되는 기계들을 지켜보는 것을. // 록펠러 씨는 지시를 내렸다. // 록펠러 씨는 말했다 / 구멍들이 뚫려야 한다고 / 모든 담에. // 이 구멍들은 이었다 / 사람들이 들여다 볼 수 있는. // 구멍들은 동그랬다. // 그 구멍들은 이었다 / 약 12인치 크기의. // 그 구멍들은 같은 높이에 있었다 / 사람의 눈높이와 같은. // 이런 일이 있은 후에, / 어떤 사람이든지 걸음을 멈출 수 있었다 / 그리고 이 구멍들을 통해서 볼 수 있었다. // 어떤 사람도 작업을 지켜볼 수 있었다 / 안쪽에서 진행되고 있는. // 누구든지 거기에 서 있을 수 있었다. / 그 사람이 원하는 얼마 동안이라도. // 모든 사람은 좋아했다. //

1. 작업
2. 나무
3. 볼 수 없었다.
4. 사람의 눈높이의 약 12인치 크기의 둥근 구멍

큰 홍수가 있었다 / 우리 집 가까이 / 봄에. // 홍수는 내려왔다 / 산과 들에서, / 강물은 불어났다. // 그리고 많은 집들이 / 저지대에 있는 / 곧 물속에 잠겼다. // 적십자에서는 몇 사람들을 보냈다, / 그리고 식량과 마른 의복들을 보내주었다, / 그리고 여러 사람들을 데려왔다 / 고지대로 / 보트에 태워서. // 한 노인이 살고 있었다 / 한 작은 집에서 / 강가에. // 그 노인은 불쌍한 사람이다. / 그리고 다른 집들은 없다 / 그의 집 가까이에. // 많은 비가 내렸다 / 어느 날 밤에, / 그리고 아침에 그 노인은 보았다 / 창문 밖으로 그리고 홍수를 보았다. // 물은 거의 올라왔다 / 그의 침실 창문까지. // 물은 점점 올라왔다, / 그래서 그 노인은 맨 위층으로 올라갔다 / 자기 집의. // 그러자 홍수는 더 악화되었다, / 그래서 그 노인은 올라갔다 / 지붕 위로. //

"나는 무엇을 해야 하는가?"/ 그 노인이 말했다. // "물은 매우 깊고, / 나는 헤엄을 칠 수 없는데."// 그러나 3시간 후에 / 그 노인은 배 한 척을 보았다. // 그 배는 천천히 가까이 왔다, / 그리고 그 노인은 그 배에 두 사람의 젊은이들이 타고 있는 것을 보았다. //

"우리는 왔습니다 / 적십자에서."/ 젊은이들 중의 한 사람이 소리를 질렀다. // "그리고……."/ "미안합니다."/ 그 노인은 대답했다, / "그러나 나는 적십자에 주었을 뿐입니다 / 얼마간의 돈을 / 이달에, / 그리고 나는 돈이 많지 않아요. // 나는 가난한 사람이오."//

1. (C)
2. (D)
3. (C)

1. He has just finished the work.
2. I haven't finished the work yet.
3. Have you done your homework yet?
4. She has been to America.

5. I have been in New York.

6. She has been to Seoul station.

7. Her friend has gone to Busan.

8. I have lost my watch.

9. Spring has come.

10. He is playing baseball.

11. He is going to play baseball.

12. He is leaving Seoul soon.

13. What does he do?

14. What is he doing?

15. She was writing a letter.

연습문제   p.118

1. 다음 영문을 우리말로 옮기시오.

(1) 톰 브라운은 한국에 3년간 있었다.

(2) 그들은 그를 아름다운 곳들로 데리고 갔다.

(3) 톰은 미국으로 곧 돌아갈 것이다.

(4) 그의 가족과 친구들은 그에게 많은 질문들을 할 것이다.

(5) 우리는 영어를 오랫동안 공부해 왔다.

(6) 나는 책을 막 썼다.

(7) 그는 그들에게 속리산의 아름다운 사진들을 보여줄 수 있다.

(8) 많은 한국인과 미국인들은 그 낡은 깃발을 쳐다보아왔다.

(9) 그는 조금 전에 먼 거리의 달리기를 마쳤다.

(10) 한 군, 추수감사절에 대해 들어본 적이 있어요?

(11) 나는 첫 번째 추수감사절에 대해 들어본 적이 없습니다.

(12) 그들은 인디언들로부터 야생동물 잡는 방법을 배웠습니다.

(13) 그들은 친절한 인디언들에게 만찬을 같이 할 것을 요청했습니다.

(14) 수 년 전에 몇몇 남녀들이 영국에서 작은 배를 타고 바다를 건너 미국에 왔습니다.

(15) 우리는 외국인 학생들로서 영어를 배우고 있기 때문에, 영문법에 대해서도 배워야 합니다.

2. 다음 문장을 영작하시오.

(1) I have just written a letter.

(2) He has once seen a lion.

(3) Spring has come.

(4) I have been to New York.

(5) He is coming soon.

3. 다음 동사의 현재분사(~ing)형을 만드시오.

(1) playing   (2) studying

(3) writing   (4) running

(5) visiting   (6) making

(7) swimming   (8) lying

(9) cooking   (10) sitting

4. 다음 (   ) 안에서 알맞은 말을 고르시오.

(1) read   (2) am reading

(3) has, is having (4) has

(5) walks   (6) loves

(7) was skating

5. 다음 문장을 진행형으로 만드시오.

(1) She is listening to music.

(2) I was swimming in the sea last summer.

(3) He is not running fast.

(4) I was not writing a letter yesterday.

(5) He will be reading a book.

(6) What was he doing?

(7) Where are you learning English?

(8) Is he making a model airplane?

6. 다음 〈보기〉의 밑줄 친 부분의 용법과 같은 것은?

(B)

7. 다음 현재완료의 용법을 쓰시오.

(1) 경험

(2) 완료

(3) 계속

(4) 결과

(5) 계속

8. 다음 두 문장의 뜻이 같아지도록 (   ) 안에 알맞은 말을 써 넣으시오.

(1) has, gone

(2) has, been

(3) has, come

9. 다음 문장 중에 잘못된 곳이 있으면 바르게 고치시오.

(1) has come → came

(2) have you finished → did you finish

(3) 맞음

(4) have you seen → Did you see

(5) have written → wrote

51. 많은 한국인과 미국인들이 낡은 깃발을 봐왔다. 그들은 그 깃발과 그 사람의 아버지에 관한 이야기를 들어왔다. 그들은 또한 한국과 한국 국민에 대해 많이 들어오고 이야기해왔다.

52. 우리는 오랫동안 영어를 공부해왔다. 그리고 우리는 역시 오랫동안 영어를 연습해왔다. 우리는 영어가 말해지는 대로 단지 공부해왔다. 그리고 우리는 역시 영어 문법도 조금은 공부해왔다. 우리는 외국인 학생들로서 영어를 배우고 있기 때문에 영어 문법에 대해서도 배워야한다.

53. 톰 브라운은 한국에 3년 동안 있었다. 처음에 브라운 씨는 한국인들을 많이 알지 못했고 한국말을 할 수 없었다. 브라운 씨의 나날은 힘이 들었다.
그러나 한국인들은 톰을 많이 도왔다. 한국인들은 톰에게 한국어를 가르쳤다. 한국인들은 톰을 여러 멋진 곳들에 데리고 갔다. 한국인들은 톰에게 좋은 음식을 사주었다. 한국인들은 톰에게 사랑과 친절을 보여주었다. 그래서 톰은 많은 한국인 친구들을 사귀었다. 톰은 이곳에서 즐거운 시간을 보내고 있다. 그러나 톰은 늘 미국에 있는 그의 가족과 친구들을 그리워한다.

54. 톰은 미국으로 곧 돌아갈 것이다. 그의 가족과 친구들은 틀림없이 톰에게 한국에 대해 많은 질문을 할 것이다. 톰은 자기 가족과 친구들에게 한국 노래들, 한국 음식, 한국 풍습들을 말해줄 수 있다. 톰은 그들에게 속리산과 제주도의 아름다운 사진을 보여줄 수 있다. 톰은 자기 한국인 친구들에 대해서도 말해줄 수 있다.
톰은 여러 면에서 한국을 그리워할 것이다. 무엇보다도 톰은 정말로 자기 한국인 친구들을 그리워할 것이다.

55. 민호는 1주일 전에 상훈이와 같이 자기 아저씨의 농장에 왔다. 민호 아저씨 가족은 그들에게 매우 친절했다. 민호와 상훈이는 정말로 자기들의 방문을 즐기고 있다.

56. 잭은 잔디 위에서 쉬고 있다. 잭은 조금 전 먼 거리의 달리기를 마쳤다. 톰은 호주머니에 스톱워치를 넣고 잭 옆에 앉는다.

57. 아침에는 비가 오고 있었다. 그러나 정오 전에 비가 그쳤다. 날씨가 맑게 개었다. 나는 책과 공책을 가지고 독서실에 갔다. 누군가 나에게 와서 말했다. "너 여기서 무엇을 하고 있니, 마이크?" 난 뒤를 돌아보았다. 폴이었다.

58. "난 독서하고 있어. 폴." 난 대답했다.
"우린 오후에 빌의 학급과 야구 경기가 있을 거야. 너 기억하지 못해?" 그는 나에게 물었다.
"오, 잊었어." 나는 말했다.
"곧 시작할 거야. 아마 벌써 시작했을 거야." 그는 말했다.
"운동장으로 나가자." 나는 말했다. 나는 책과 공책을 책상 위에 놓고 일어섰다.

59. 폴과 나는 즉시 운동장으로 갔다. 난 폴과 샘 사이에 앉았다. 우리 반이 빌의 반과 경기 중이었다. 양 팀은 열심히 경기하고 있었다. 많은 학생들이 경기를 관전하고 있었다. 어떤 사람은 작은 칠판에 분필로 스코어를 적고 있었다. 스코어는 3 : 0이었다. 우리 팀이 승리하고 있었다.

60. 어떤 프랑스인이 영국에서 여행하고 있었다. 그는 영어로 제법 잘 말할 수 있었다. 그러나 어휘가 적었다. 한번은, 그가 시골의 작은 호텔에서 계란을 주문하고 싶었다. 그러나 그는 달걀이라고 하는 낱말을 기억할 수 없었다.
"저 새의 이름이 무엇이지요?" 그가 정원에서 걷고 있는 수탉을 보았을 때 웨이터에게 물었다.

그린 여사: 한 군, 추수감사절에 대해 들어본 적 있어요?

한 군: 예, 나는 여러 번 들었습니다만 추수감사절의 뜻은 모릅니다.

그린 여사: 한 군, 이번에 오는 목요일이 추수감사절입니다. 11월 네 번째 목요일입니다.

한 군: 추수감사절에 대해 말씀해주세요. 나는 첫 번째 추수감사절에 대해 들은 적이 없습니다.

그린 여사: 수 년 전에 몇몇 남자, 여자, 그리고 아이들이 영국에서 작은 배를 타고 바다를 건너 미국에 왔습니다.

메리: 그것이 메이플라워호였습니다. 이들 첫 이주자들은 메이플라워호를 타고 미국에 도착했습니다.

그린 여사: 우선 첫째로 그들은 나무를 잘라 집을 지었습니다. 정착자들은 양식을 얻기 위해 역시 일을 해야만 했습니다.

메리: 그해 겨울은 날씨가 매우 추웠습니다. 사람들은 먹을 것이 거의 아무것도 없었습니다. 다음 봄이 오기 전에 그 사람들 절반이 병들어 죽었습니다.

그린 여사: 그들은 인디언들로부터 야생동물과 물고기를 잡는 방법과 곡식 재배 방법을 배웠습니다.

메리: 봄에 그들은 곡식과 야채를 심었습니다.

그린 여사: 가을이 왔을 때 그들은 풍성한 양식을 수확했습니다.

메리: 예, 그들은 겨울을 위한 충분한 양식을 저장했습니다. 그들은 매우 행복했습니다. 그래서 그들은 칠면조와 야채로 성대한 만찬을 준비했습니다.

그린 여사: 그들은 친절한 인디언들에게 만찬을 같이 할 것을 요청했습니다.

메리: 그들은 만찬 전에 그들 양식에 대해 하나님께 감사를 드렸습니다. 이것이 미국에서의 첫 번째 추수감사절이었습니다.

1. (C)
2. (B), (C)

Chapter 11 수동태

영작 연습   p.131

1. I am loved by a teacher.
2. The English book was written by Mr. Bang.
3. Yesterday's lunch was cooked by my sister.
4. The house will be built by my uncle.
5. She can be made happy by me.
6. She was helped by her mother in making her own clothes.
7. Some flowers were given to me by her.
8. He was given many books by me.
9. Was he loved by everyone?
10. Was America discovered by Columbus?
11. By whom was America discovered?
12. When was America discovered?
13. A dog was run over by a car.
14. The mountain is covered with snow.
15. He is interested in science.

연습문제   p.132

1. 다음 영문을 우리말로 옮기시오.

(1) 쥐가 고양이에게 잡혔다.
(2) 그 건물은 김 씨에 의해 지어질 것이다.
(3) 영어는 캐나다에서 말해진다.
(4) 그 산은 흰 눈으로 덮여 있다.
(5) 누구에 의해 미국이 발견되었습니까?
(6) 개가 트럭에 치였다.
(7) 미국에서 크리스마스는 일 년 중 가장 즐거운 휴일이다.
(8) 나는 모든 식물들 중에서 대나무가 가장 아름답고 유용하다고 생각한다.
(9) 그 바구니는 한국에 있는 존 아저씨가 그에게 주신 것이었다.
(10) 아침 식사가 끝나면 선물들은 하나씩 개봉된다.
(11) 어느 날 한 스페인 신사에 의해서 그를 위한 만찬 파티가 열렸다.
(12) 나는 우리가 서쪽으로 항해해 나가면 역시 인도에 도착할 수 있다는 것을 알고 있다.
(13) 콜럼버스는 위대한 영웅으로 환영받았고 대부분의 사람들에 의해 칭송받았다.
(14) 곧 더 많은 소년들이 왔고 벤이 페인트칠하는 것을 보기 위해 멈추었다.
(15) 크리스마스 트리가 거실로 옮겨지고 장식된다.

2. 다음 문장을 영작하시오

(1) I am loved by my mother.
(2) The cup was broken by me.
(3) By whom was the window broken?
(4) The book was written by Mr. Brown.
(5) She was made happy by me.

3. 다음 문장을 수동태로 고치시오.

(1) She is loved by him.
(2) A letter is written by her.
(3) The house will be built by them.
(4) Many books are being read by him.
(5) Some flowers was sent her by him.
(6) He was made a teacher by me.
(7) He was made happy by me.
(8) A letter wasn't written by him.

(9) Was a doll made by you?

(10) What was done by you?

(11) By whom was the radio invented?

(12) Where was the rabbit caught by him?

(13) Where will be the book given him by you?

(14) I was surprised at the news.

(15) A dog was run over by the car.

4. 다음 문장을 능동태로 고치시오.

(1) Snow covers the mountain.

(2) They speak English in Canada.

(3) My mother loves me.

(4) Does he like her?

(5) Who discovered America?

5. 다음 (   ) 안에서 알맞은 말을 고르시오.

(1) by   (2) in

(3) by   (4) with

(5) from   (6) of

(7) at   (8) in

(9) with   (10) by

6. 다음 두 문장의 뜻이 같아지도록 밑줄 친 곳에 알맞은 말을 써 넣으시오.

(1) being built

(2) taught, by

(3) was wanted

(4) surprised at

(5) Is

7. 다음 문장에서 잘못된 곳을 바르게 고치시오.

(1) at → at by

(2) been → being

(3) did he → was

(4) seen enter → seen to enter

(5) Did → Was

영어단문 독해연습   **p.135**

61. 12월 25일은 크리스마스라고 불린다. 옛날, 먼 옛날에 예수님이 이 날에 태어나셨다. 미국에서 크리스마스는 일 년 중 가장 즐거운 휴일이다. 어린이들과 성인들 모두가 이날을 즐긴다. 전국 모든 학교와 상점이 문을 닫는다.

62. 크리스마스 전날 밤은 크리스마스 이브라고 불린다. 대부분의 가정에서 어린이들은 잠자리에 일찍 들여보내진다. 그러고 나서 크리스마스 트리가 거실로 옮겨지고 부모님들에 의해 장식된다. 모든 선물과 장난감들이 나무 밑에 놓여진다.

63. 크리스마스 날, 어린이들은 일찍 일어나고 크리스마스 트리를 보고서 놀란다. 트리는 예쁜 전구들로 덮여 있다. 어린이들은 선물과 장난감들이 크리스마스 이브에 산타클로스가 가져다 놓은 것이라고 믿는다.

64. 아침 식사가 끝나면 선물들이 하나씩 개봉된다. 어린이들은 그들의 선물들과 새 장난감들로 흥분된다. 크리스마스 날 아침 사람들은 특별 예배를 드리러 교회로 간다. 오후 늦게 가족들은 만찬을 하기 위해 함께 한다. 칠면조 고기와 다른 특별한 음식들이 준비된다. 크리스마스 날에는 모든 사람들이 행복하다. 그리고 사람들은 서로서로 "메리 크리스마스!"라고 말한다.

65. "모든 식물들 중에서 무엇이 가장 아름답고 유용한 식물일까?" 어느 날 그린 씨가 테드에게 물었다.
테드는 아무 대답도 할 수 없었다. 그러자 그린 씨가 아름다운 바구니를 테드에게 보여주었다. 그 바구니는 한국에 있는 존 아저씨가 그에게 준 것이었다.
"이 바구니는 무엇으로 만들어졌니, 테드?" 그린 씨가 다시 물었다.
"그건 대나무로 만들어진 후 빨강과 초록으로 색칠이 되었단다." 그린 씨가 말했다.
"나는 모든 식물들 중에서 대나무가 가장 아름답고 유용하다고 생각한다."

66. "그래, 대나무는 많은 유용한 것들을 만들 수 있지." 그린 씨가 대답했다. "대나무 조각은 양동이를 만드는 데 쓰일 수 있지. 홀의 이음새가 잘라졌을 때, 대나무를 가지고 긴 파이프로 사용할 수도 있어. 어떤 나라에서는 이 파이프들을 수도관으로 사용하기도 하지."

67. "제 의자도 역시 대나무로 만들어졌어요." 테드가 말했다. "그렇구나. 대나무 의자는 무겁지 않아. 대나무는 가볍지만 매우 단단하지. 대나무는 의자들과 탁자들을 만드는데 사용된단다." 그린 씨가 말했다.
"이 바구니는 대나무 껍질로 만들어졌단다." 그린 씨가 덧붙였다. "대나무 껍질은 두껍지 않다. 매우 얇지만 매우 강하지. 대나무는 바구니를 만드는 재료로 쓰일 수 있다."

68. 크리스토퍼 콜럼버스는 이탈리아의 뱃사람이었다. 그는 지구가 둥글다고 믿었다. 그는 종종 말했다. "인도는 유럽의 동쪽에 자리 잡고 있다. 그러나 나는 우리가 서쪽으로 항해해나가면 역시 인도에 도착할 수 있다는 것

을 알고 있다." 이탈리아에 있는 어떤 사람도 콜럼버스의 말을 믿지 않았다. 그래서 그는 스페인으로 갔다. 결국 이사벨라 여왕이 그에게 세 대의 작은 배를 주었다.

69. 그는 그 육지가 인도의 한 부분이라고 생각했다. 콜럼버스가 스페인에 되돌아왔을 때, 콜럼버스는 위대한 영웅으로 환영받았고 모든 사람들에 의해 칭송받았다. 그러나 어떤 사람들은 말했다. "그는 이탈리아 출신의 가난한 뱃사람에 지나지 않아. 스페인에 있는 어떤 뱃사람이라도 대서양을 건너갈 수 있어. 배만 있다면."

70. 어느 날 한 스페인 신사에 의해서 콜럼버스를 위한 만찬 파티가 열렸다. 많은 사람들이 파티에 모였다. 저녁 식사 중에 한 남자가 콜럼버스에게 말했다. "당신은 이상한 땅들을 발견했습니다. 그러나 스페인에 있는 어떤 뱃사람이라도 그런 일을 할 수 있습니다. 그건 세상에서 가장 간단한 일입니다."

영어장문 독해연습   p.137

곧 더 많은 소년들이 왔고 벤이 페인트칠하는 것을 보기 위해 멈추었다. 그들은 톰의 친구들이었다. 그들은 모두 울타리를 칠해보기를 원했다. 다섯 명의 소년들은 각기 톰에게 뭔가를 주고 하나씩 울타리를 칠했다. 톰은 그들로부터 두 개의 오렌지들, 칼, 장난감 배, 그리고 약간의 동전들을 받았다.

오후 4시 경 모든 울타리가 그들에 의해 칠해졌다. 모든 소년들도 노란색 페인트를 뒤집어썼다. 톰 소여는 아직도 나무 아래 앉아 있었다. 그는 울타리를 쳐다보고 미소를 지었다. 그 울타리는 깨끗하고 아름다웠다. "그 울타리는 아주 잘 칠해졌어. 소년들이 날 위해 일을 제대로 해주었군." 톰은 중얼거렸다.

모든 소년들이 떠나자, 톰은 일어나서 집안으로 걸어 들어갔다. 그는 폴리 아주머니에게 말했다. "전 일을 끝냈어요. 나오셔서 울타리를 한번 보시겠어요?"

"그래. 물론이지." 폴리 아주머니가 말하고 한번 보려고 나왔다.

"넌 참 착한 아이구나! 넌 아주 일을 잘했구나." 그녀는 얼굴에 미소를 띠고 말했다. "자, 너는 강에 가도 좋다."

1. (D)
2. They painted the whole fence.
3. (D)
4. (C)
5. (C)

Chapter 12   일치와 화법

영작 연습   p.145

1. He and I are honest.
2. He or I am honest.
3. Either he or I am bad.
4. Neither he nor I am bad.
5. Ten years is a long time.
6. He said that the earth is round.
7. He said that he gets up at seven A.M. every morning.
8. She says that she is happy.
9. She said that she was happy.
10. I think that he is a doctor.
11. I thought that he was a doctor.
12. I thought that he had been a doctor.
13. She asked me if I was happy then.
14. She said to me, "Are you happy now?"
15. She told me to open the door.

연습문제   p.146

1. 다음 영문을 우리말로 옮기시오.

(1) 그와 나는 좋은 친구들이다.

(2) 그 또는 나는 좋은 친구이다.

(3) 너와 그 둘 중 하나는 나쁘다.

(4) 그도 나도 나쁘지 않다.

(5) 각각의 소년과 소녀는 책상을 가지고 있다.

(6) 20년은 우리에게 긴 시간이다.

(7) 12마일은 먼 거리이다.

(8) 그녀가 말했다. "난 지금 행복해."

(9) 그녀가 그때 행복했다고 말했다.

(10) 그가 나에게 말했다. "내가 너에게 이 책을 줬다."

(11) 그는 나에게 그 책을 줬다고 말했다.

(12) 그녀는 스프를 맛보고 나서 소금과 후추를 더 넣었다.

(13) 도시에서 사는 것은 참 재미있다.

(14) "오늘 밤에 늦게 자러 가도 되나요?" 테드가 말했다.

(15) 이 음식은 매우 맛있을 것이다.

2. 다음 문장을 영작하시오.

(1) Butter and bread is my favorite food.

(2) Jane and Ted are good friends.

(3) I think that he is honest.

(4) I thought that he was honest.

(5) She said that she gets up early every morning.

3. 다음 (　　　) 안에서 알맞은 말을 고르시오.

(1) are   (2) am

(3) am   (4) is

(5) is   (6) is

(7) is   (8) is

(9) is   (10) is

(11) is, was   (12) was

(13) gets   (14) is

(15) discovered

4. 다음 두 문장의 뜻이 같아지도록 (　　　) 안에 알맞은 말을 써 넣으시오.

(1) said, was

(2) told, he, then

(3) asked, if, would, him, that

(4) ordered, to

(5) cried, how

(6) asked, what

(7) proposed, to

5. 다음 화법의 전환이 바르게 된 것은?

(A)

6. 다음 문장을 간접화법으로 바르게 바꾼 것은?

(1) (D)   (2) (D)

(3) (B)

7. 다음 문장에서 잘못된 곳이 있으면 바르게 고치시오.

(1) 맞음   (2) is → was

(3) is → was   (4) told → asked

8. 다음 직접화법을 간접화법으로 고치시오.

(1) He says that he is busy.

(2) He said that he was happy.

(3) He told me that he gave me that book.

(4) He told me that he would come back there.

(5) He asked me if I was happy then.

(6) He asked me what I was doing there.

(7) He asked me where I bought that book.

(8) She ordered me to stand up quickly.

(9) She proposed me to sit down.

(10) She ordered me not to go home.

(11) She exclaimed how beautiful that city was.

(12) She told me that the earth goes round the sun.

(13) She told me that she gets up early every morning.

(14) She told me that she had given me that book there the day before.

9. 다음 간접화법을 직접화법으로 고치시오.

(1) He said, "I am honest."

(2) He said to me, "I send you some flowers."

(3) She said to me, "Are you sick?"

(4) She said to me, "When did you buy this car?"

(5) She said to me, "Bring me some water."

영어단문 독해연습　　　　　　　**p.150**

71. 몇 분 뒤에 나의 숙모는 부엌으로 들어오셨다. 숙모는 스프를 맛보신 후에 소금과 후추를 더 넣으셨다. 숙모는 향료를 많이 넣은 음식을 좋아하신다. 그러고 나서 숙모는 신문을 읽으러 다른 방으로 가셨다. 곧 어머니가 부엌으로 들어오셨다. 스프를 보시고서 어머니는 말씀하셨다. "윤희는 절대 스프에 소금과 후추를 충분히 넣지 않지. 내가 더 넣어야겠다."

72. 7시는 저녁 먹을 시간이다. 모든 가족이 식탁으로 왔다. 아버지가 말하시기를, "이 음식은 매우 맛있을 거다. 윤희야, 넌 훌륭한 요리사다." 그러나 우리가 스프를 맛보자마자 모두들 재채기를 했다. "이 스프가 뭐가 잘못된 거지?" 아버지가 물으셨다. "전 알 것 같아요." 내가 말했다. "부엌에 요리사가 너무 많았어요."

73. "앨리스." 브라운 여사는 말했다. "스웨터 입었니? 충분히 따뜻하니?"

"예, 엄마." 앨리스는 말했다. "입었어요. 전 괜찮을 거예요."

"이리 와라, 앨리스, 톰." 빌 아저씨는 말했다. 앨리스와 톰이 작은 보트를 타고 싶어 한다는 사실을 빌 아저씨는 알고 있었다. 브라운 여사가 마음이 변해 아이들을 보내지 않을까봐 빌 아저씨는 걱정이 되었다. "보트를 타자." 톰과 앨리스는 보트에 올랐다.

74. 브라운 씨는 소리쳤다. "빌, 날씨가 어때?"
"오, 좋을 거예요." 빌 아저씨는 말했다. "여하튼 날씨가 흐리면 돌아와도 돼. 가자."
빌 아저씨는 보트를 탔고 브라운 씨는 일하러 갔다. 빌 아저씨는 보트를 묶은 밧줄을 풀었다. 그리고 보트는 서서히 움직이기 시작했다. 그들이 해안으로부터 약 50 야드 갔을 때, 빌 아저씨는 돛을 올렸다.
"자 간다!" 빌 아저씨는 소리쳤다.
바람은 좋다. 바람은 돛을 팽팽하게 채웠고 보트는 빨리 움직이기 시작했다.
"새 같아." 앨리스가 소리쳤다.
"오, 이것은 참 아름답기도 하구나!"

영어장문 독해연습   p.151

메리는 거실에서 소설을 읽고 있었다.
"나와 같이 가겠니?" 브라운 부인은 메리에게 말했다. 브라운 부인은 피크닉에 쓸 것들을 좀 사길 원했다. "어머니, 어디로 가실 거예요?" 메리는 물었다.
"나는 식료품 가게에 가고 싶은데." 브라운 부인이 말했다. 금요일 오후였다. 매 금요일 오후에 브라운 부인은 식료품 가게에 갔다.
"어떻게 그 가게에 가실 건데요?" 메리는 물었다. 메리는 항상 이 질문을 했다. 메리는 가게까지 걸어서 가는 것이 싫었다.
"차를 타고 갈까?" 브라운 부인은 말했다.
"예, 차를 타고 가요." 메리는 말했다. 메리는 행복했다. 메리는 차를 타고 가는 것을 좋아했다. "저도 사탕을 좀 사고 싶어요." 그들은 차로 식료품 가게에 갔다. 가게는 그다지 멀지 않았다. 곧 그들은 식료품 가게에 도착했다.

1. (C)
2. (D)
3. (1) She was reading a story in the living room.
   (2) Yes, she did.
   (3) She went to grocery store.
   (4) Because she went to the store by car.

Chapter 13 관계대명사

영작 연습   p.163

1. I know a boy who is playing baseball.
2. I know a boy whose father is a teacher.
3. I know a boy whom she met yesterday.
4. The English book which was written by Mr. Bang is not difficult.
5. I like the book whose cover is black.
6. The book that I bought is easy.
7. This is the house he lives in.
8. She has two sons. who are doctors.
9. I have two books. which are written in English.
10. Do you know the person who teaches us English?
11. Who teaches us English?
12. Do you know the girl whose name is Mary?
13. I don't know what you said.
14. He bought a book which is written by professor Kim.
15. The book written by professor Kim is fun.

연습문제   p.164

1. 다음 두 문장을 관계대명사를 활용하여 하나의 문장으로 만드시오.
   (1) I don't know a man who teaches us English.
   (2) I don't know a man whose son is a doctor.
   (3) I don't know a man (whom) she met yesterday.
   (4) She bought a book which was written by him.
   (5) She bought a book whose price is expensive.
   (6) I bought a book (which) I was looking for.
   (7) The lady who is drawing a picture is beautiful.
   (8) The man (whom) I met the other day is good.
   (9) The boy whose father is a doctor is honest.
   (10) The first man that began to work at first is busy.
   (11) The door (which) I closed a few minutes ago is open.

(12) The book (which) I bought yesterday is expensive.

(13) The book of which the cover is black is mine.

(14) I know the lady whose name is Judy.

(15) I bought a watch which was made in Korea.

2. 다음 영문을 우리말로 옮기시오.

(1) 그는 태평양을 비행 횡단한 최초의 한국인이다.

(2) 당신은 내가 말한 것을 이해할 수 있습니까?

(3) 이 애는 아버지가 의사인 소년입니까?

(4) 나는 한국에서 만들어진 자동차를 사길 원한다.

(5) 나는 책을 읽고 있는 그 소년을 안다.

(6) 나는 그녀가 좋아하는 그 소년을 안다.

(7) 셰익스피어에 의해 쓰인 그 책은 어렵다.

(8) 한국에서 만들어진 그 자동차는 좋고 값이 싸다.

(9) 나는 거짓말을 한 바로 그 사람을 만났다.

(10) 지붕이 빨간 저 집을 보아라.

(11) 지붕이 빨간 그 집은 나의 집이다.

(12) 더러운 집을 갖는 것은 좋지 않다.

(13) 그 도시를 떠날 수 있는 모든 사람은 그 질병이 무서워 떠나버렸다.

(14) 숫자가 늘기 시작한 죽어가고 있는 사람들은 다른 사람들을 겁먹게 했다.

(15) 당신은 정말로 용감한 사람을 압니까?

(16) 그는 그들에게 게이츠 스트리트에서 사는 그 가정들을 도울 것을 요청했다.

(17) 옆집에 사는 그 사람은 그 어린 소녀의 가족이 일하고 있는 것을 보았다.

(18) 당신은 서울에서 부산까지 뻗어 있는 새 고속도로를 따라 급행버스를 탈 수 있다.

(19) 당신은 아주 오래되고 아주 새로운 것을 볼 수 있다.

(20) 그가 말한 것은 사실이다.

3. 다음 문장을 영작하시오.

(1) This is a man who can speak English.

(2) This is a man whose son is my friend.

(3) This is a man (whom) I want to meet.

(4) This is a book which is written easy.

(5) This is a book whose cover is black.

(6) The man (whom) I am looking for is Mr. Brown.

(7) The man who wrote English book is my teacher.

(8) The man whose son is a doctor wrote a story.

(9) The car which was made in Korea is good.

(10) I want to buy a watch which was made in Korea.

(11) That is a house (which) he lives in.

(12) Please give her a chair (which) to sit on.

(13) I cannot understand what you said.

(14) What she said is true.

(15) Can you understand what he said?

4. 다음 (   ) 안에서 알맞은 말을 고르시오.

(1) who   (2) whose
(3) whom   (4) whose
(5) which   (6) which
(7) what   (8) that
(9) which   (10) that
(11) whose   (12) which, that
(13) which, that   (14) who
(15) whom   (16) whose
(17) that   (18) that
(19) that   (20) that

5. 다음 (   ) 안에 알맞은 관계대명사를 써 넣으시오.

(1) who(m)   (2) whose
(3) who   (4) whose
(5) who(m)   (6) who(m)
(7) which, that   (8) what
(9) that   (10) that

6. 다음 두 문장의 뜻이 같아지도록 (   ) 안에 알맞은 말을 써 넣으시오.

(1) who's, living
(2) which, was
(3) which, is

7. 다음 두 문장을 한 문장으로 만들 때 맞는 것은?

(1) (C)
(2) (A)

75. 뉴욕은 멋진 도시이다. 뉴욕은 여러 가지 흥미로운 것들과 장소들로 가득 차 있다. 고층 빌딩들이 가득 차 있는 넓은 거리가 많다.

뉴욕에서는 많은 사람들이 아파트에서 산다. 당신은 여러 나라로부터 온 사람들을 거리에서 볼 수 있다. 당신은 영어를 할 수 없는 사람들을 종종 만난다.

76. 그 다음날 김 군은 부산에 도착했다. 그는 버스 정류장 앞에 서서 지도를 보았다. "예식장은 이 근처에 있어야 하는데." 그는 말했다. 그는 동쪽으로 걸어가서 신호등에서 오른쪽으로 방향을 틀었다. "예식장이 여기에 있어야 하는데, 하지만 찾을 수 없군." 그는 거리에서 서 있는 경찰관에게 다가갔다. 그는 경찰관에게 말했다. "저를 도와주실 수 있습니까? 저는 대원예식장을 찾을 수 없는데요."

77. 당신은 넓고, 번잡한 거리에 우뚝 솟아 있는 큰 고층 빌딩들을 본다. 거리 한가운데에는 500년 동안 줄곧 그곳에 있어 온 오래된 대문이 하나 있다. 한국인들이 매일 만들고 있는 버스, 승용차, 그리고 트럭들이 바삐 대문 주위를 돌아가고 있다.

78. 그 가족이 저녁 식사를 하려고 앉았을 때, 그는 식탁의 식탁보를 보고는 더욱더 놀랐다. 그 가족은 전에 식탁보를 사용한 적이 없었다. "이 식탁보는 뭐지?" 그는 물었다.

"우린 좀 더 깨끗해지려고 해요." 그의 부인은 말했다. "우리 딸이 이렇게 깨끗한데 더러운 집을 갖는 것은 좋지 않아요."

79. 그 옆집에 사는 사람은 그 다음 주 내내 그 어린 소녀의 가족이 일하고 있는 것을 보았다. 그래서 그는 10년 만에 처음으로 자기 집 페인트칠을 시작했다.

80. 그는 시청에 있는 중요 인물들을 만나러 갔다. 그는 중요 사업가들, 교회와 학교의 지도자들을 만나러 갔다. 그는 그들에게 게이츠 스트리트에서 살고 있는 그 가정들을 도울 것을 요청했다.

81. 당신은 정말로 용감한 사람을 아는가? 여기에 여태껏 행해진 가장 용감한 일들 중 하나를 행한 사람들에 대한 이야기가 있다.

이 이야기는 1664년 에이엄이라고 불리는 영국의 어느 마을에서 발생했다. 사람들이 그해 즐거운 여름 날씨를 즐기고 있는 동안, 런던에는 무시무시한 질병이 일어났다. 그것은 대역병이라고 불렸다. 수천 명의 사람들이 그 질병으로 죽었다. 그 도시를 떠날 수 있는 사람들은 누구나 그 질병이 무서워 떠났다. 그러나 불행하게도 그들은 그 질병 자체를 떨쳐 버릴 수가 없었다. 그 질병은 사람들에 의해 그 나라 다른 지역들로 옮겨졌다.

82. 에이엄 사람들은 이 사실을 빨리 알아차렸다. 그들은 말했다. "우리는 다른 사람들이 이곳으로 오지 못하게 해야겠다. 왜냐하면 그들이 무서운 질병을 옮겨 올지도 모르기 때문이다."

그러나 어느 날 한 사람이 런던에서 옷들을 좀 가져왔다. 그 질병은 그 옷들에 묻어 에이엄으로 왔다.

그 마을 사람들은 병이 들어 하나하나 차례로 죽기 시작했다. 숫자가 늘기 시작한 죽어가고 있는 사람들은 마을의 다른 사람들을 겁먹게 했다. 그들은 하루에 10 내지 20명씩 죽었다. 사람들을 구한다는 것은 불가능했다.

83. 한 목수의 부인은 자기가 갖지 못한 것들을 소원하면서 대부분의 시간을 보냈다. 종종 그녀는 말하곤 하였다. "내가 아름답다면 좋을 텐데." 혹은 "내가 부자라면 좋을 텐데." 혹은 "내게 잘생긴 남편이 있으면 좋을 텐데."

한국에서의 여행은 마음이 들뜬다. 당신은 다른 나라에 없는 것들을 보고 느끼고, 접촉한다. 당신은 아주 오래되고 아주 새로운 것들을 본다.

당신은 서울에서 부산까지 뻗어 있는 새 고속도로를 따라 급행버스를 탈 수 있다. 버스는 새것이지만 당신이 창문 밖으로 볼 수 있는 사당과 녹색의 둥근 무덤들의 풍경은 때때로 수백 년이 되었다. 배가 고파진다면 휴게소에서 떡과 엿과 같은 음식들을 살 수 있을 것이다. 휴게소는 한국에서는 오랫동안 존재하지 않았지만, 떡과 엿은 수세기 동안 존재해왔다.

당신이 버스를 내리면, 신선한 시골 공기는 선선히 느껴지고 달콤하고 깨끗한 냄새가 난다. 늦가을에 거리의 군밤은 좋은 냄새가 나고 당신을 허기지게 한다.

1. 선행사
2. that, 형용사
3. 위 해석 참조
4. 위 해석 참조
5. 위 해석 참조
6. (B)

영작 연습 p.179

1. I have five books in my bag.
2. My family are all busy.
3. Happiness is in mind.
4. Please bring me a piece of chalk.
5. I saw a girl. The girl is Chanho's sister.
6. It is very hot. Will you open the window?
7. Be quiet! Please look at the blackboard.
8. Monday is the second day of the week.
9. Tom is the tallest boy in his class.
10. The Han River is in Seoul.
11. What time do you have breakfast?
12. I play baseball after school.
13. The moon is so beautiful in the night.
14. He goes to school by bus every morning.
15. My sister plays the piano every evening.

연습문제 p.180

1. 다음 영문을 우리말로 옮기시오.

(1) 우유 한 잔 드시겠어요?
(2) 우리는 모두 같은 나이다. 우리는 많은 친구가 있다.
(3) 나의 아버지는 미국에 계신 적이 있다.
(4) 어떤 노인이 나를 만나러 여기 왔다.
(5) 일주일에는 며칠이 있습니까?
(6) 때때로 그는 사람들이 모여있는 지구를 돌아다니려고 태양을 떠났다.
(7) 금 화살에 맞은 사람은 사랑에 빠진다.
(8) 그는 은 화살을 쏘아서 그것으로 그녀를 맞추었다.
(9) 다프네는 대답하지 않고, 마치 사냥꾼에게서 도망가는 사슴처럼 달아났다.
(10) 다프네는 더 이상 어린 소녀가 아니었다.
(11) 큐피드는 그의 활을 가지고 다니면서, 그의 사랑의 화살로 맞출 사람을 찾고 있었다.
(12) 그녀가 이 말을 하자마자, 그녀는 나무가 되었다.
(13) 많은 사람들은 식품 쇼핑이나 무엇을 살지 결정하는 일을 즐기지 않는다.
(14) 현대의 가게들에서는 음식뿐만 아니라 사람들이 집에서 쓸 수 있는 모든 것들도 판다.

2. 다음 문장을 영작하시오.

(1) The sun is larger than the earth.
(2) Sunday is the first day of the week.
(3) Happiness is in mind.
(4) My family are all busy.
(5) Please, give me a glass of water.

3. 다음 (   ) 안에 a, an, the를 써 넣으시오. 필요 없으면 X표를 하시오.

(1) a
(2) an
(3) a
(4) ×
(5) The
(6) the
(7) a, The
(8) ×
(9) The
(10) the
(11) ×
(12) the
(13) the
(14) a
(15) ×

4. 다음 문장에서 잘못된 곳이 있으면 바르게 고치시오.

(1) glass → glasses
(2) to the church → to church
(3) is → are
(4) by the bus → by bus
(5) 맞음

영어단문 독해연습 p.182

84. 아폴로는 태양의 신이었고, 거대한 궁전인 태양 위에서 살았다. 때때로 아폴로는 사람들이 모여있는 지구를 돌아다니려고 태양을 떠났다. 어느 날 그가 지구를 여행하고 있을 때, 그는 조그만 사랑의 신인 큐피드를 만났다. 큐피드는 그의 활을 가지고 다니면서, 그의 사랑의 화살로 맞출 사람을 찾고 있었다.

85. 그러고 나서 큐피드는 날개로 하늘에 솟아올랐다. 그는 금 화살, 은 화살 두 개의 마법 화살을 당겼다. 금 화살에 맞은 사람은 사랑에 빠진다. 은 화살은 화살에 맞은 사람을 미치게 한다.

86. 큐피드는 페네이오스 왕의 딸인 다프네를 보았다. 그는 은 화살을 쏘아서 그것으로 그녀를 맞추었다. 곧 그녀는 미쳤고, 숲속으로 뛰어 들어가서 야생의 동물들을 사냥하기 시작했다.

87. 그러고 나서 큐피드는 금 화살을 그의 활에 끼우고 당겨 아폴로에게 쏘았다. 아폴로는 아파하며 숲속으로 뛰었다. 거기에서 그는 나무들 사이에 있는 다프네를 보았다. 다프네는 사슴을 뒤쫓고 있었다. 아폴로는 말했다. "그녀는 세상에서 가장 아름다운 여인이다." 그녀의 머리카락은 길었으며, 그녀의 눈은 깊고 사랑스러웠고, 그녀의 몸은 우아했다.

88. 아폴로는 그녀와 깊은 사랑에 빠졌다. "님프여!" 그는 외쳤다. "나로부터 도망가지 말아요. 난 태양의 신인 아폴로입니다. 나의 아버지는 쥬피터입니다."
다프네는 대답하지 않고 마치 사냥꾼으로부터 도망가는 사슴처럼 달아났다. 그녀는 아버지의 집인 강 쪽으로 뛰어가서 소리쳤다. "오, 아버지, 태양의 신으로부터 절 구해주세요."

89. 그녀가 이 말을 하자마자, 그녀는 나무가 되었다. 그녀의 머리카락은 잎들이 되었고 그녀의 팔은 가지가 되었다. 그녀의 발은 땅속으로 가라앉아 뿌리가 되었다. 다프네는 더 이상 어린 소녀가 아니었다. 그녀는 월계수 나무가 되었다.

영어장문 독해연습   p.183

수년 전 미국에서, 사람들은 식품을 사러 여러 가게들을 다녔다. 한 가게에서 고기를 사고, 두 번째 가게에서 빵을 사고, 세 번째 가게에서 과일과 야채를 샀다. 그들이 쇼핑을 하는 데 많은 시간을 보내야만 했고, 많은 짐을 집에 가져왔다.
오늘날 식품 쇼핑은 한결 편리해졌다. 만약 사람들이 점심 만들 시간이 없다면, 그들은 편의점에서 샌드위치를 사 먹을 수 있다. 만약 사람들이 맛있는 저녁을 요리하고 싶거나 한 주일 동안의 충분한 식품을 사고 싶다면, 그들은 슈퍼마켓에 가면 된다. 이 크고 현대적인 가게들에서는 음식뿐만 아니라 사람들이 집에서 쓰는 모든 것들도 팔고 있다. 많은 다른 회사들이 유사한 제품들을 종종 만들기 때문에 어떤 구매자들은 어떤 것을 사야 할지 고르는데 어려움에 빠진다. "소고기가 들어간 라면을 사야 되나, 돼지고기가 들어간 그런 종류를 사야 하나?" 결정을 내리는 일이 항상 쉬운 것은 아니다.
많은 사람들은 식품 쇼핑하는 것이나 무엇을 살지 결정하는 일은 즐기지 않는다. 사람들은 패스트푸드점에서 먹는 것을 더 좋아한다. 그런 사람은 메뉴를 보고 말할지도 모른다. "전 큰 햄버거와 프렌치프라이와 코카콜라를 먹고 싶어요."

1. (a): much
   (b): many
2. (A)
3. My teacher can speak not only English but also French.
4. 결정을 내리는 일이 항상 쉬운 것은 아니다.

Chapter 15   접속사

영작 연습   p.189

1. My mom and I are happy.
2. She or you are a kind doctor.
3. Work hard, and you will succeed.
4. Work hard, or you won't succeed.
5. I can't speak English, but my father can very well.
6. I am not pretty, but tall.
7. I didn't know that she was a teacher.
8. I don't know if he will come soon.
9. Don't go out when it rains.
10. I have to wait for him till he comes here.
11. If it doesn't rain tomorrow, I will go on a picnic with you.
12. As soon as she saw me, she was surprised.
13. Tom is as tall as Jack.
14. Please turn off TV while I am studying.
15. I got up early so that I could meet him.

연습문제   p.190

1. 다음 영문을 우리말로 옮기시오.
   (1) 그와 나 중 하나는 틀렸다.

(2) 그녀도 너도 틀리지 않았다.

(3) 나의 아버지는 영어와 프랑스어를 둘 다 말할 수 있다.

(4) 그녀는 바이올린을 켤 수 있지만 그녀의 언니는 할 수 없다.

(5) 그는 의사가 아니라 선생님이다.

(6) 열심히 일해라. 그러면 너는 성공할 것이다.

(7) 열심히 일해라. 그렇지 않으면 너는 실패할 것이다.

(8) 나는 그가 서울을 떠날지 아닐지를 모른다.

(9) 나는 내일 날씨가 좋다면 밖으로 나갈 것이다.

(10) 나는 그가 언제 이곳에 도착할지를 알지 못한다.

(11) 그들은 그녀가 들어왔을 때 일어섰다.

(12) 크리스마스는 예수님이 태어나신 날이다.

(13) 판즈워스의 변호사는 필로가 릭비에서의 학교 시절 이래에 그의 선생님을 본 적도 없고 들은 적도 없다는 사실을 먼저 밝혔다.

(14) 제가 텔레비전에 관한 그림을 처음으로 그렸던 것이 1922년의 일이었다고 생각됩니다.

2. 다음 문장을 영작하시오.

(1) I didn't know that he was a doctor.

(2) I don't know where she lives.

(3) Do you know who likes him?

(4) My mother is as beautiful as your mother.

(5) Both you and I are busy.

3. 다음 밑줄 친 접속사에 유의해서 우리말로 옮기시오.

(1) 나는 그가 언제 출발할지를 알고 있다.

(2) 그녀는 젊었을 때 매우 아름다웠다.

(3) 너는 그가 태어난 날을 아니?

(4) 나는 그가 정직한지 아닌지 모르겠다.

(5) 만일 그가 한가하다면, 나는 그를 만나고 싶다.

(6) 이것은 내가 읽기를 원하는 그 책이다.

(7) 나는 그가 그 당시 바빴다고 생각한다.

4. 다음 (   ) 안에 알맞은 말을 써 넣으시오.

(1) am

(2) nor

(3) and

(4) or

(5) and

(6) as

(7) could

(8) as

5. 다음 두 문장의 뜻이 같아지도록 (   ) 안에 알맞은 말을 써 넣으시오.

(1) Though

(2) so

(3) for

영어단문 독해연습   p.192

90. 블라디미르 즈워리킨이라는 뉴욕의 한 발명가도 텔레비전에 대해서 연구하고 있었다. 두 명이 같은 발명을 연구하고 있다는 사실은 특허국에서만 알고 있었다. 서둘러서 특허청은 청문회를 열기 위해 워싱턴으로 두 사람을 불렀다.

91. 필로는 그가 더 일찍 그 일을 시작했었다는 것을 알고 있었다.

"제가 텔레비전에 관한 그림을 처음으로 그렸던 것이 1922년의 일이었다고 생각됩니다." 필로는 그의 변호사에게 말했다. "당신은 그 그림을 청문회에 가져올 수 있습니까?" 그의 변호사가 물었다.

"그 그림은 어느 날인가 방과 후에 칠판에 그려졌었습니다."

"누군가 다른 사람이 그 그림을 보았나요?"

"예, 저의 선생님, 저스틴 톨맨이 보았습니다." 필로가 대답했다.

그리하여 톨맨을 찾는 일이 시작되었다. 결국 그를 찾았다.

92. 그 청문회는 워싱턴에서 열렸다. 판즈워스의 변호사는 필로가 릭비에서의 학교 시절 이후 그의 선생님을 본 적도 없고 들은 적도 없다는 사실을 먼저 밝혔다. 그러고 나서 그 변호사는 말했다. "톨맨 씨, 나는 당신이 필로가 당신의 학생이었던 때를 기억하기 원합니다. 필로가 당신에게 텔레비전이라 불리는 발명품에 대해 말한 적이 있었습니까?"

"그랬습니다."

"당신은 필로가 당신에게 말한 텔레비전에 관한 것을 기억할 수 있습니까?"

93. "예." 톨맨은 낮은 목소리로 말했다. 그는 일어서서 칠판 앞으로 갔다. 칠판 위에 그는 릭비의 교실에서 수년 전 필로가 칠판에 그렸던 것과 똑같은 그림을 그렸다. 필로가 말했던 모든 것들을 톨맨 씨가 기억하고 있었기 때문에 텔레비전 특허권은 필로 판즈워스에게 주어졌다.

여러분들은 시각 장애인들을 위한 읽기 시스템인 '브라유'에 대해 들어본 적이 있을 것이다. 그러나 왜 브라유 시스템이라고 불리는지 혹은 루이 브라유가 누구인지를 아는 사람은 거의 없다.

1812년에 루이 브라유는 매우 어린 소년이었다. 그는 프랑스의 조그만 마을에 살았다. 그의 아버지는 가죽으로 제품을 만드는 작은 가게를 가지고 있었다. 어느 날 루이는 아버지 가게에서 놀다가 끝이 매우 뾰족한 작은 연장을 집어들었다. 그는 넘어졌고, 그 연장의 끝이 그의 눈을 찔러서 후에 그는 양쪽 눈이 멀게 되었다.

몇 년 뒤 루이는 파리에 있는 시각 장애인들을 위한 특수학교에 다녔다. 거기에서 그는 읽기를 배웠다. 즉, 26개의 알파벳을 그의 손가락으로 감지해서 알아내는 것을 배웠다. 그 문자들은 각각 높이가 달랐고 넓이도 달랐다.

1. blind people
2. 왜 브라유 시스템이라고 불리는지 혹은 루이 브라유가 누구인지를 아는 사람들은 거의 없다.
3. 즉, 말하자면
4. (1) 프랑스
   (2) 가죽으로 제품들을 만드는 일
   (3) 파리에 있는 시각 장애인 특수학교
   (4) 어렸을 때 뾰족한 물건에 찔렸기 때문에

Chapter 16　전치사

1. I was born in Seoul on March 27th, 2005.
2. I am going to stay in Tokyo for five days.
3. My father has lived in Seoul since 2010.
4. I will wait for you till eleven in the evening.
5. There is a phone on the table.
6. There are many bridges over the Han River.
7. You have to read this book within three days.
8. What are you doing from morning till night?
9. There was an old man under the big tree.
10. A lot of trains passed through the tunnel for a day.
11. I am proud of my sister.
12. I am now looking for a book in the bookstore.
13. Do you go to school by bus or on foot?
14. You have to brush your teeth before going to bed.
15. Cheese is made from milk.

1. 다음 영문을 우리말로 옮기시오.
   (1) 나는 1개월 동안 머물 예정이다.
   (2) 당신은 금년 여름방학 동안 어디에 갈 것입니까?
   (3) 당신은 몇 시까지 돌아올 수 있습니까?
   (4) 그는 2018년부터 이 학교에서 영어를 가르쳤습니다.
   (5) 물은 열에 의해 증기로 변한다.
   (6) 의자는 나무와 강철로 만들어져 있다.
   (7) 포도주는 포도로 만들어진다.
   (8) 당신은 이 일을 한 시간에 마쳐야 한다.
   (9) 그는 1995년 9월 16일에 태어났다.
   (10) 그녀는 1월에 태어났다.
   (11) 그는 작년에 비행기로 태평양을 횡단했다.
   (12) 달은 지구 주위를 돈다.
   (13) 그는 자기 생일날에 생일 케이크를 칼로 잘랐다.
   (14) 그녀는 내가 시내로 향해 걷고 있는 것을 보았다.
   (15) 나는 잠자리에 들기 전에 이를 닦아야 한다.

2. 다음 문장을 영작하시오.
   (1) He was sitting under the big tree.
   (2) I go to school by bus at seven in the morning.
   (3) What are you looking for?

3. 다음 (　　　) 안에서 알맞은 전치사를 고르시오.
   (1) to　　　　　　　(2) at
   (3) by　　　　　　　(4) in
   (5) till　　　　　　　(6) by
   (7) for　　　　　　　(8) during
   (9) on　　　　　　　(10) in
   (11) at　　　　　　　(12) at
   (13) at　　　　　　　(14) since
   (15) from

4. 다음 ( ) 안에 알맞은 전치사를 써 넣으시오.

  (1) to, at, in

  (2) from, to

  (3) at, at

  (4) in, in

  (5) at

5. 다음 문장에서 잘못된 곳이 있으면 바르게 고치시오.

  (1) at → in

  (2) at이나 for 중에서 하나를 빼야 한다.

  (3) round → around

  (4) among → between

  (5) with → in

영어단문 독해연습   p.202

94. 많은 사람들은 미래에 대한 꿈을 꾸어 왔다. 그러나 한 사람이 꿈 이상을 해냈다. 그는 자기 꿈을 현실로 만들어 냈다. 동시에 그는 수백만의 사람들을 행복하게 했다. 모든 사람은 현재 이 사람의 이름을 안다. 그는 월트 디즈니였다.

95. 디즈니의 최대의 꿈은 도시 하나를 건설하는 것이었다. 그 도시는 세상의 어느 다른 도시와 같지 않을 것이다. 그 도시의 생활은 미래의 생활과 같을 것이다.

96. 디즈니의 꿈의 도시는 어떤 모습일까? 그것은 대단히 크다. 사람들이 그 도시의 일부에서 일을 하고 또 다른 일부에서는 살고 있다. 어떤 사람들은 전기 자동차들과 버스들을 타고 쇼핑을 하고, 어떤 사람들은 바퀴도 소음도 없는 기차를 타고 직장에 간다.

97. 저녁에 집에 오면 당신은 열쇠로 현관문을 열지 않는다. 당신이 문 옆의 구멍에 특수 카드를 넣으면 문은 저절로 열린다. 당신이 방 안에 들어가면, 불은 혼자 켜지고 당신이 떠나면 불이 다시 꺼진다.

98. 집에 있는 모든 것은 컴퓨터에 의해 조작된다. 만일 당신이 아침식사를 6시 30분에 먹고 싶으면 그저 컴퓨터에게 말하면 된다. 당신이 아침에 일어나면 커피, 토스트, 계란이 준비되어 있을 것이다.

99. 디즈니의 다른 꿈들처럼 이 꿈은 이미 현실화되었다. 그러나 디즈니 자신이 그 꿈을 볼 만큼 오래 살지 못한 것은 슬픈 일이다. 미래의 디즈니 도시인 엡콧은 1982년 플로리다 디즈니월드에서 문을 열었다. 수천 명의 사람들이 거기에서 일하고 살고 있으며 수백만의 사람들이 매년 엡콧을 방문한다.

영어장문 독해연습   p.203

그 후 그는 같은 학교에서 선생님이 되었다. 그는 시각 장애인들을 위한 더 훌륭한 읽기 시스템을 찾아내기를 무척 원했으나 쉽지 않았다. 그러다가 어느 날 그는 친구와 같이 어떤 식당에 앉아 있었다. 그 친구는 루이에게 신문을 읽어 주고 있었다. 루이는 군인들이 암흑 속에서 사용할 수 있는 글쓰기 시스템에 대한 기사를 읽었다. 그 시스템은 어느 프랑스 대위에 의해 개발되었다. 이 '야간 글쓰기'에서 그 대위는 점과 줄표로 이루어진 시스템을 사용하였다. 그 점과 줄표는 사람이 손가락으로 그것들을 느낄 수 있도록 종이 위를 볼록 튀어나오도록 되어있었다. 루이가 그 사실에 대해 들었을 때 그는 대단히 흥분되었다.

1. (a) writing

  (b) sitting

2. a system of writing

3. A French captain invented it.

4. was able to

5. 점과 줄표는 사람이 손가락으로 그것들을 느낄 수 있도록 종이 위를 볼록 튀어나오도록 되어있었다.

6. (1) A French captain did.

  (2) At the restaurant

  (3) Soldiers did.

Chapter 17 부사

영작 연습   p.209

1. He wants to see me tomorrow.

2. I walked very fast.

3. Don't read a book too fast.

4. He is very tall.

5. He is much taller than Tom.

6. Do you often meet her?

7. No, I sometimes meet her.

8. My mother is always busy.

9. When did you do your homework?

10. Do you remember the day when we first met?

11. Junho, please pick that up.

12. Why do you go to bed early?

13. Because I slept very late yesterday.

14. Have you finished the work yet?

15. No, she hasn't finished the work yet.

연습문제   p.210

1. 다음 영문을 우리말로 옮기시오.

(1) 그는 야구를 잘할 수 있다.

(2) 그녀는 피아노를 더 잘 칠 수 있다.

(3) 나는 바이올린을 가장 잘 연주할 수 있다.

(4) 그 책은 매우 재미있다.

(5) 나는 그 책에 무척 흥미를 가지고 있다.

(6) 이 영어책은 매우 훌륭하다.

(7) 이 영어책은 저 영어책보다 훨씬 더 좋다.

(8) 그는 매일 아침 찬물을 항상 마신다.

(9) 그는 자기의 옛 친구를 만날 때면 늘 행복하다.

(10) 그녀는 풀장에서 수영을 잘한다.

(11) 그녀는 자기 사무실에서 영어를 잘한다.

(12) 연필을 집어주세요.

(13) 그것을 집어주세요.

(14) 너는 벌써 숙제를 했니?

(15) 아니요, 저는 아직 숙제를 하지 못했습니다.

2. 다음 문장을 영작하시오.

(1) When is your birthday?

(2) When do you go to school?

(3) Do you know the day when he was born?

(4) My mother was very happy when my brother was born.

(5) I don't know when he will leave Seoul.

3. 다음 (　　　) 안에서 알맞은 말을 고르시오.

(1) yet

(2) already

(3) very

(4) much

(5) slowly

(6) in

(7) on

(8) in

(9) when

(10) where

4. 다음 문장에서 잘못된 곳이 있으면 바르게 고치시오.

(1) walks usually → usually walks

(2) hard English → English hard

(3) often is → is often

(4) 맞음

(5) already → yet

(6) 맞음

(7) too → either

(8) 맞음

(9) very → very, much

(10) to → till

5. 다음 두 문장의 뜻이 같아지도록 (　　　) 안에 알맞은 말을 써 넣으시오.

(1) on, which

(2) in, which

영어단문 독해연습   p.212

100. 수백 년 전에 생활은 오늘날보다 훨씬 더 어려웠다. 사람들은 전기나 비행기 같은 현대적인 편의 시설이 없었다. 현대적인 의술도 없었다. 사람들이 병들 때에는 보통 따뜻한 모포를 덮고 침상에 누워서 뜨거운 스프나 차를 많이 마셨다.

101. 오늘날 생활은 새로운 문제들을 가져왔습니다. 가장 큰 문제들 중 하나가 오염입니다. 수질 오염은 우리 강과 호수를 갈색 빛의 흙탕물로 만들었습니다. 그 물은 물고기를 죽이고 우리 식수에 나쁜 영향을 줍니다. 소음 공해는 우리가 말을 더 크게 하도록 하고 쉽게 성질을 내게 합니다. 그 소음은 또한 우리 귀를 나쁘게 합니다. 그러나 공기 오염은 가장 심각한 오염의 일종입니다. 공기 오염은 세상의 모든 생물에게 나쁜 영향을 줍니다.

102. 자동차들, 비행기들, 공장들 모두가 매일 우리의 공기를 오염시킵니다. 때때로 오염이 너무 심해서 시내를 온통 뒤덮고 있는 장막 같습니다. 이런 종류의 장막은 스모그라고 불립니다. 스모그는 새로운 영어 단어입니다. 그 단어는 "스모크"와 "포그" 두 단어의 합성어입니다.

103. 많은 나라에서는 오염에 대처할 새 법률을 만들고 있습니다. 이제 공장들은 물을 내보내기 전에 정화를 해야 합니다. 공장들은 공기 중으로 더러운 연기를 내뿜을 수 없습니다. 더욱더 많은 자동차들이 이제는 납 성분이 없는 휘발유를 사용하고 있습니다.

104. 그러나 다른 많은 것들이 필연적으로 이행되어야 합니다. 우리 모두가 도울 수 있어야 합니다. 우리는 비닐봉투가 아닌 종이봉투를 사용할 수도 있습니다.

249

우리는 낡은 캔을 버리지 말고 페인트를 칠해 꽃들을 심을 수 있습니다. 우리는 쓰레기를 쓰레기통에 넣고, 땅에 버리지 말아야 합니다. 우리는 버스로 일터에 가든지 차 한 대에 친구들이 같이 타고 갈 수 있습니다. 만일 운전하는 사람이 더 적어지면, 오염은 더 줄어들고, 교통 사정은 더 좋아질 것입니다.

영어장문 독해연습 p.213

언젠가 루이는 사람들이 모인 앞에서 말했다. 루이는 누군가가 자기에게 읽어주는 만큼의 빠른 속도로 자기가 어떻게 쓸 수 있는가를 사람들에게 보여주었다. 그리고는 자기가 쓴 것을 쉽게 다시 읽었다. 그러나 사람들은 루이를 믿지 않았다. 루이가 사람들에게 읽어주었던 것은 그가 암기했었던 것이라고 사람들은 말했다. 루이는 자기의 시스템을 더 잘 만들기 위해서 계속해서 연구를 했다. 루이는 수학과 음악에 필요한 기호 시스템을 만들어냈다.

어느 날 태어난 이래 줄곧 장님으로 있어 온 한 소녀가 많은 청중 앞에서 피아노를 훌륭히 연주했다. 청중 모두가 매우 만족하였다. 그때 그 소녀는 일어서서 사람들이 자기의 훌륭한 연주에 대해 자기를 칭찬해서는 안 된다고 말했다. 그녀는 루이 브라유가 자기가 피아노를 칠 수 있도록 해주었다고 말했다.

1, 2, 3, 4의 해석은 위 해석을 참조할 것.

5. it은 가목적어로 진목적어 'to play'를 가리킨다.

6. (1) Louis showed them how he could write almost as fast as someone could read to him.

   (2) A girl who had been blind since she was born played the piano before a large audience.

   (3) Louis Braille had made it possible for her to play the piano.

시험에 강해지는

Academy Grammar Mate 1

토마스 방 저 | 188*258mm | 12,000원

시험에 강해지는

Academy Grammar Mate 2

토마스 방 저 | 188*258mm | 12,000원

30일만에 끝내는 즉석 영단어 3000

오규상 편저 | 128*188mm | 8,900원

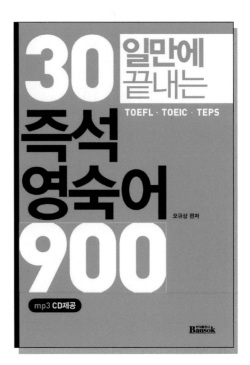

30일 만에 끝내는 즉석 영숙어 900

오규상 편저 | 128*188mm | 8,900원

초급 Junior Voca 3000

이홍배 저 | 188*258mm | 12,000원

바로바로 영어 독학 단어장

이민정, 장현애 저 | 128*188mm | 14,000원